伊勢度會郡山田 中川隼人

文化七年かのえむま乃寛政暦　心宿 値年　凡三百五十五日

大さいむまの方　此方にむかひて万よし 但木をきらず

大しやうくんうの方　ひつじのとしまで三年ふさがり

大おんじんとらの方　此方にむかひてさんをせず

としとくあきの方　よろづよし

金神　ここ

さいけうむまの方　むかひてよほりよし

さいせつうしの方　此方より

ひやうびつりのあ

土公　春ハかま 夏ハかど 秋ハ井 冬ハにわ

正月小	二月大	三月小
四月大	五月大	六月小
七月大	八月大	九月小
十月	十一月小	十二月大

正月小　建戊　宿日曜値朔日

一日　ひのえとらなる　土

二日　ひのとう　土

立春正月廿八日四刻八日の未申刻余

三日　つちのえたつ　火　ま日　よし

監修者——五味文彦／佐藤信／高埜利彦／宮地正人／吉田伸之

［カバー表写真］
祈りの姿

［カバー裏写真］
国民教化の柱となった
「三条の教則」の説教風景
（仮名垣魯文『三則教の捷径』）

［扉写真］
日柄・方位の俗信を網羅した伊勢暦
（文化七年）

日本史リブレット61

民衆宗教と国家神道

Kozawa Hiroshi
小澤 浩

目次

生き神か現人神か

幕末から明治にかけて成立した民衆宗教と、同じ時期にその骨格が形成されていった国家《こっか》神道《しんとう》との関係を、一つの対抗軸としてとらえるとすれば、それは「生き神」と「現人神《あらひとがみ》」との相克として描きだすことができよう。

「生き神」とは、民衆宗教▲の教祖らに出会った信奉者たちが、教祖に対する畏敬の念をこめて唱え始めた言葉である。これに対して教祖らは、自分は民衆の救済を願う親神《おやがみ》から、その意志を託された神の使いであるとし、みずからの排他的な神性を否定した。しかし、一方で教祖らは、人間は神の分身を心に宿した「神の子」であるとし、神の心をみずからの心とすることによって、苦難の時代を生きる知恵と力をえることができる、と説いた。また、教祖らのなかには、

▼**民衆宗教**　歴史学の分野では、幕末から明治にかけて成立し、民衆の精神的解放に寄与した創唱《そうしょう》宗教を意味する。したがって、大正期以後のいわゆる「新興宗教」はここには含めない。これに対し、宗教学の分野では、幕末期以降に登場するあらたな宗教をすべて「新宗教」と呼び、高度経済成長期以後のものを「新々宗教」と呼ぶ場合もある。本書で民衆宗教というときには、さしあたり天理教《てんりきょう》・金光教《こんこうきょう》・丸山教《まるやまきょう》・大本教《おおもときょう》などを念頭においている。

その意味でなら、人間はみな生き神である、と言い切る者もいた。

　このように、「生き神」という言葉が、単なる賛辞や比喩《ひゆ》にとどまらず、民衆の自己確立、自己解放を支えるあらたな思想原理を内包するものであったとするなら、その点にこそ、民衆宗教があらたな宗教として登場してきた歴史的な意義があったのだ、といえよう。

　他方、「現人神」は、「現神《あきつかみ》」「明御神《あきつみかみ》」などとともに、祭政一致《さいせいいっち》を旨とする古代天皇制の盛時、天皇に対する賛辞、または尊称として用いられた言葉であり、その権威を支えていたのは、天皇の「祭祀《さいし》をつかさどる王」としての属性であった。その後、貴族《きぞく》から武家《ぶけ》へと権力の掌握者がかわっても、彼らの支配の正当性を保障するものとして、この属性は天皇の存在とともに維持されてきた。

　十九世紀初頭からの対外的・対内的危機の進展は、このような天皇の宗教的権威を復活させることで体制を立てなおそうとする水戸学《みとがく》▲や復古《ふっこ》神道▲の運動を生み出した。これらの運動が育んだ尊王《そんのう》思想▲と国体論《こくたいろん》▲は、やがて、近代天皇制国家の強力な支配イデオロギーとして取り入れられ、そのなかで「現人神」＝天皇は、地上と天上のあらゆる権威を一身に具現するというあらたな意義を担っ

▼**水戸学・復古神道・尊王思想・国体論**　これらの用語については、三七ページ以下の記述を参照されたい。

て甦ることになった。この「現人神」への信仰を、すべての国民に強制する装置として創出されたものが、いわゆる「国家神道▲」にほかならない。

このような「生き神」と「現人神」の成立事情とその思想内容に照らして、両者が共に並び立つことのできないものであったことは、いうまでもない。近代の天皇制国家が、民衆宗教を抑圧や禁圧の対象とせざるをえず、それに対して教祖らが、身をもって抵抗せざるをえなかったのは、そのためである。そしてこの抵抗は、「生き神」教祖の死後、教団が国家神道体制のなかに組み込まれることによって、早くも終りを告げたかにみえる。しかし、それによって、「生き神」の思想は、果たして「現人神」の思想に屈服してしまったのだろうか。

いずれにせよ、「現人神」も「生き神」もともに、人を神にまつるという伝統的な思惟の様式と不可分のものであったとすれば、そこにこそ人びとに対する単なる強制のみとはいいきれない現人神の一定の呪縛力と、他方における生き神の対抗思想としての有効性があり、またそれゆえの弱点もあったのだ、といえよう。日本の近代の特質そのものを考える際にも、そうした視点は欠かせないものであると思われる。

▼**国家神道**　この用語については、三五ページ以下の記述を参照されたい。

ここで、これまでの研究史のあとを少し振り返っておくと、第二次世界大戦後、この分野の研究に最初の鍬《くわ》入れをしたのは村上重良だった。彼は、数々の論著によって、民衆宗教の豊かな内容とその歴史的な意義を明らかにし、国家神道の果たした役割についてはじめて批判的な立場からの検討を行った。その後、研究史の流れは、主として二つの方向で深化していく。その一つは民衆宗教の教祖における異端的な宗教思想の成立過程や、神仏分離《しんぶつぶんり》に始まる明治国家の宗教政策が国民の意識形成におよぼした影響など、主としてその内面過程に光をあてた安丸良夫の仕事であり、今一つは、宮地正人・中島三千男・羽賀祥二・坂本是丸らが切り開いてきた国家神道の政策史的・制度史的研究である。

これらの研究が、戦前・戦中の学問的な空白を埋めるうえで、大きな成果をあげてきたことはいうまでもない。ただ、筆者が、そのうえでなお気にかけてきた問題がある。それは、民衆宗教に即していえば、教祖や教団の研究は深まったが、現場の布教師《ふきょうし》や信徒たちの意識のありように迫った研究が、また、国家神道に即していえば、その中核を担った神社のいわゆる「氏子《うじこ》」の意識動向に注目した研究が、まだほとんどみられないという点である。それは、民衆宗教と国家神道の相克が教祖の死をもって終りを告げ、あとの主要な課題は国家神道の問題に収斂していく、といった認識とも関連するものと思われる。

しかしそこからは、国家と民衆という視点からする問題状況が、必ずしもみえてこないのではなかろうか。そうした疑問を含めて、「神々の近代」がきざんできた民衆宗教と国家神道の相克の歴史を、もう一度とらえなおしてみたいというのが、本書に託した筆者の意図である。課題の大きさに比べて、明らかにできる事柄は多くはないが、問題の所在だけでも示すことができればと願う。

国家神道は、民衆宗教だけではなく、すべての宗教の伸びやかな発展を阻害し、人びとの宗教に対する意識の成熟を終始妨げるものとして機能してきた。そのことが、オウムの事件などにみられる今日の宗教事情や、私たちの宗教観に深い影を落としているように思えてならない。その意味で、国家神道と民衆宗教の相克のあとをたずねることは、今の私たちの宗教に対する認識のあり方を問うことにほかならない。

①生き神教祖の誕生——民衆宗教の成立

生き神の胎動

一八〇二(享和《きょうわ》二)年、尾張国《おわりのくに》の熱田《あつた》神宮に近い旗屋《はたや》の町で、四六歳になる一人の女性が突然神がかりとなり、神の言葉が口をついてでてくるようになった。女性の名は「きの▲」という。幼いころに親兄弟を喪い、長く武家《ぶけ》の奉公人《ほうこうにん》をしていたが、このころは、賃稼ぎで貧しい生活を支えていた。

彼女に憑依《ひょうい》した神によると、自分は金毘羅《こんぴら》▲であり、如来様《にょらいさま》▲がお前の苦労をみかねて、私を遣《つか》わしたのだ、という。このように、修行を積んだプロの宗教者でない者が不時の神がかりになると、当時は、キツネつき・タヌキつきなどと同類の精神障害者とみなされ、迫害を受けることもまれではなかった。しかし、きのはひるむことなくその神慮《しんりょ》を受け止め、まもなく自宅を「御本元《ごほんもと》」として、幕藩制《ばくはんせい》の矛盾の深化に不安をつのらせる近隣の人びとに、人間を愛してやまない如来の慈悲を説き始めた。

きのの御本元には、さまざまな現世利益《げんせりやく》を求めて彼女の説教を聴聞に来る人

▼**きの**　一七五六〜一八二六年。きのは、信者たちから「一尊《いっそん》」(その教えが唯一至高のものとされたことによる)と呼ばれていたが、のちに神命として「媹姾《りゅうぜん》」と改名。晩年には、信者のあいだで、如来ときのを一体とみる傾向が強まり、「一尊如来」「媹姾如来」と尊称されるようになった。

▼**金毘羅**　仏法の守護神の一つ。香川県の金刀比羅宮《ことひらぐう》にまつられているのはこの神で、航海の安全を守る神として知られるが、江戸時代は、庶民の現世利益の要求に応えるものとして広く流行をみた。

▼**如来様**　如来は仏の称号の一つ。真理の世界から衆生《しゅじょう》救済のためにこの世に来た、という意味から庶民の信仰の対象ともなった。

▼**如来教**　きのの宗教は幕末まで固有の名称がなく「このたび」などと呼ばれていた。幕末のころキリシタンの疑いを受け尾張藩から

禁止されたが、明治初年曹洞宗《そうとうしゅう》寺院の傘下で復活。終戦後独立して如来宗となり、一九六二(昭和三十七)年、如来教と改めた。また、昭和初年、一部の人たちが分かれて一尊教団をつくっている。

▼**原罪説**　本来は、アダムが神命に背いておかした人類最初の罪(『旧約聖書』創世記)のことだが、ここでは、人間は生まれながらにして、逃れられない罪を背負った存在であるという見方そのものをさす。

●――**教祖の説教や信者との応答などを筆録した教典『お経様』(文化十〈一八一三〉年酉正月二十八日の分。一尊教団所蔵写本)**

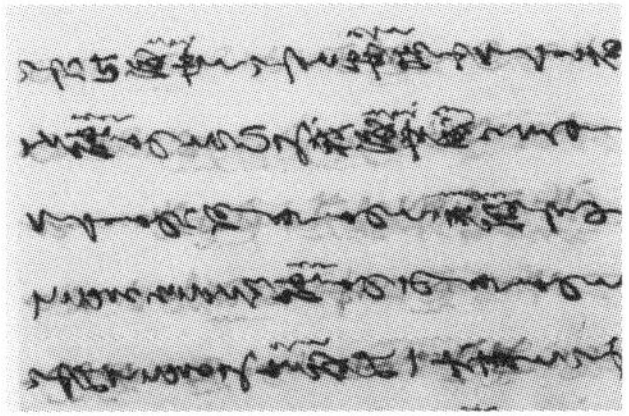

たちがふえ、地元の農民や職人・商人たち、さらには尾張藩士のなかにも講《こう》組織を結ぶ者があらわれた。やがてそれは近隣の諸国から江戸にまでおよんで、彼女を生き神とあおぐあらたな信仰集団を出現させる。しかし、彼女にはそれを教団として組織化したり、堂宇《どうう》を建立したりする意思はなく、ひたすら如来の救済を人びとにおよぼす活動に身をささげ、一八二六(文政《ぶんせい》九)年、七〇歳でその生涯を閉じた。これが、のちの如来教《にょらいきょう》▲と呼ばれるものである。

　きの宗教は、その原罪説▲に基づく悲観的な現世観と、他力《たりき》的・来世《らいせ》的な救済論において、以後に登場する生き神教祖たちの宗教とは趣を異にする部分があるが、最高神の性格や万人の平等を説く教えなどには共通するものがあり、今日では、幕末期《ばくまつき》以降の民衆宗教の先駆けをなすものとみられている。

幕藩制社会と宗教

　幕末の民衆宗教の一つ、金光教《こんこうきょう》の教祖金光大神《こんこうだいじん》は、「金光大神御覚書《おんおぼえがき》」と呼ばれる信仰的回顧録を残している。そのなかで彼は、幕藩制の解体期に生きる小農民としてのさまざまな苦難と戦いながら、当初、その解決を日柄《ひがら》・方位など

▼寺檀制度　檀家《だんか》制度ともいう。キリシタン宗門改めに際し、その者がキリシタン信徒ではなく檀那《だんな》寺《でら》の檀徒であることを証明させた「寺請制度」を前提とし、すべての人民を檀那寺と檀徒の関係に帰属させた制度。十七世紀後半に確立したとみられる。

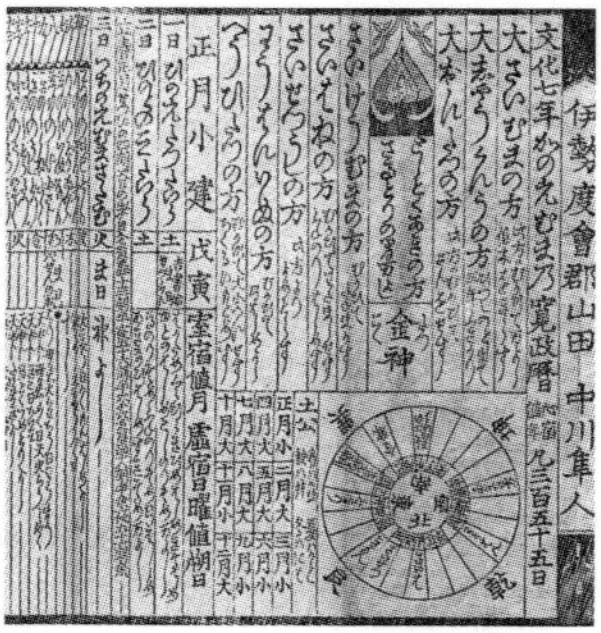

●――文化七(一八一〇)年伊勢暦《いせごよみ》
伊勢神宮の御師《おし》(下級の神職で全国の伊勢講を組織)が各地の講員に配布したもの。農事暦として重宝された反面、日柄・方位などに関する俗信の温床ともなった。

の俗信《ぞくしん》の温床ともいうべき種々の民間信仰に求め、悪戦苦闘の日々をすごしていたことを述懐している。このような解決法は、多くの人びとがいわば「常識」として共有していたものであり、他の教祖たちにとってもそれは例外ではなかった。

やがて、教祖らがこうした民間信仰の「神々」とはまったく異なる偉大な神格と出会い、あらたな救済論に導かれていったのは、みずからの内面的な葛藤《かっとう》をとおして、その「常識」に安易に頼ろうとする態度にこそ、人びとの不幸の原因があると考えたからにほかならない。そこで、ここではまず「生き神」教祖の誕生をうながした近世社会に固有の宗教事情から簡単にみておくことにしよう。

江戸時代の人びとの宗教意識のあり方を考えるとき、その当初に前後して敢行された一向一揆《いっこういっき》の殲滅《せんめつ》、キリシタンの禁圧、寺檀《じだん》制度▲の創設の果たした役割を無視することはできない。それらの措置によって世俗的な権威を相対化する超越者への信仰が奪われ、人びとの信教の自由が根底からおびやかされることになった。

加えて、幕府は、寺院のおもな機能を葬式や法事などの仏事に限定したため、

●—今も名残りをとどめる江戸の流行神

秋山《あきやま》自《じ》雲《うん》霊神《りょうじん》(台東《たいとう》区)　痔疾に効くといわれた。

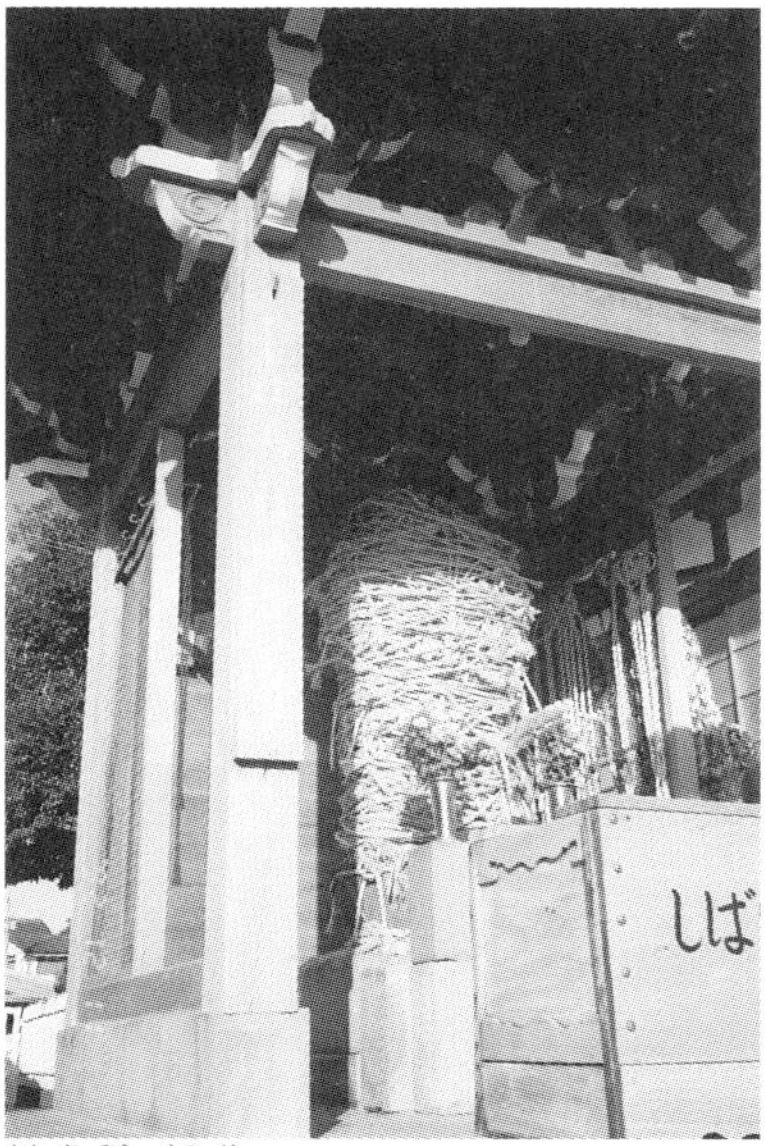

縄《なわ》地蔵《じぞう》(墨田《すみだ》区)　地蔵に縄をかけて願かけをする。

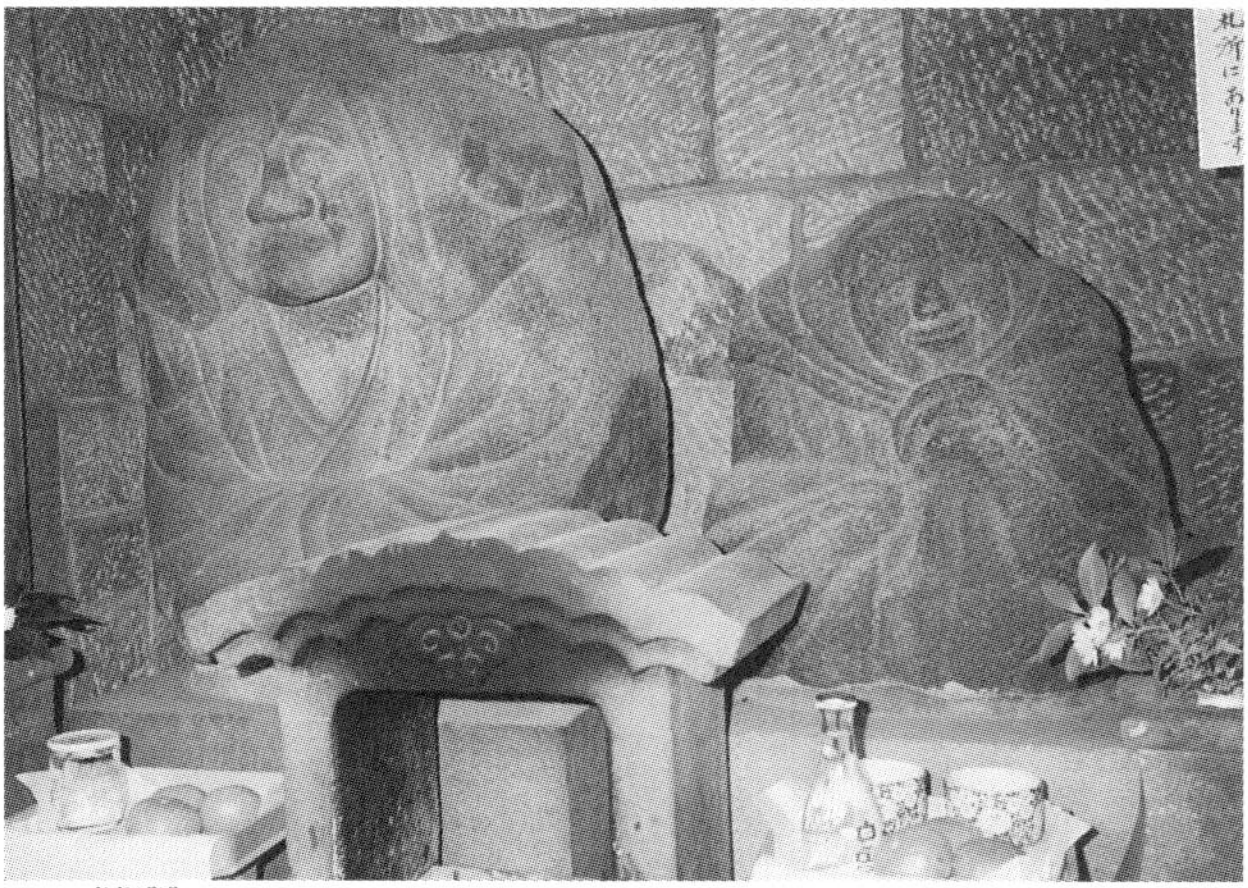

石の爺婆《じじばば》(墨田区)　百日咳に効くといわれた。石(せき)は咳(せき)にかけたもの。

人びとの現世利益の要求は、もっぱら修験《しゅげん》・巫女《みこ》・陰陽師《おんみょうじ》といった巷間《こうかん》の職業的宗教者によって担われることになる。その結果人びとは、その呪術《じゅじゅつ》的・習合《しゅうごう》的多神観の影響を強く受けて、彼らの説くさまざまな俗信・俗説《ぞくせつ》に支配されるようになった。

とりわけ、江戸のような大都市では、人びとの多様な現世利益の祈願に応える「小さな神々」が生まれては消えていった。これを「流行神《はやりがみ》」という。なかでもとくに霊験《れいげん》あらたかなものとして人びとの関心を集めたのは、この世に恨みを遺して死んだ人物の霊をまつる明神《みょうじん》や霊神《りょうじん》の信仰だった。といってもこれは祟《たた》り神ではなく、頭痛・歯痛・咳《せき》・痔疾《じしつ》などを病んで、末期《まつご》の一念に人びとの救済を誓った人の霊にあやかろうとする御利益信仰で、人びとの果てしない欲望を煽《あお》るいまどきの新宗教に比べれば、罪のないものであったといえよう。

しかし、民俗学者の宮田登は、人びとのこうした信仰のなかに、大きな救いと究極の安心《あんじん》を見失った人たちの、言い知れぬ「むなしさ」が立ちこめていたことも、見落とせないと指摘している。民衆宗教の教祖らが、民間信仰との葛藤のなかで深めていったのも、そうした「むなしさ」の実感だったにちがいない。

▼**修験**　修験道を略したものだが、この場合は、その行者＝修験者、いわゆる山伏のことをさす。修験道は、日本古来の山岳信仰と仏教が習合したもので、本来は、霊地霊山で修行し、その呪力で人びとを救済する活動を行っていたが、江戸時代には、里に定着する者が多く、民衆の現世利益の要求に応えるものとして、大きな影響力をもった。

▼**巫女**　神に仕えて神楽《かぐら》・祈禱を行い、または神託を行う女性の霊能者。シャーマン。神社に所属する者のほか、近世では、いたこ、梓《あずさ》巫女《みこ》など民間宗教のシャーマンが活躍した。

▼**陰陽師**　本来は陰陽道に携わる朝廷の役人のことだが、のちに免許をとって民間で加持《かじ》祈禱を行う者がふえ、日柄・方位にまつわる禁忌《きんき》の温床の一つとなった。

一方、農村地帯では、同じ人神《ひとがみ》信仰の系譜ながら、流行神とは趣を異にする独自の信仰が芽生えつつあった。刑死した百姓一揆の指導者の霊をまつる「義《ぎ》民《みん》信仰▲」がそれである。この信仰の新しさは、怨霊《おんりょう》にまつわる伝統的な人神信仰をベースとしながら、村人のために一身を投げ打つ義民の高い倫理性に、神格化の契機を求めた点にあった。

また、幕藩制の支配にほころびをみせはじめた一七三三(享保《きょうほう》十八)年、山岳信仰で知られる富士講《ふじこう》六世の行者《ぎょうじゃ》食行《じきぎょう》身禄《みろく》▲は、「ミロクの世▲」の実現を唱えて富士山で入定《にゅうじょう》▲を果たした。それによってミロク出生という末期の一念の成就が期待されていたわけである。江戸時代には、身禄以外にも「諸人救済」を願って入定した行者が少なくなかった。

しかし、身禄の宗教の独自性は、なによりもその教えのなかにあった。彼は、民衆の切実な現世利益の要求を肯定したが、それは呪術によってではなく、日々の職業労働を誠実に果たし、日常道徳を真摯《しんし》に実践して、みずからの人間性を高めることによってのみ実現する、と説いた。安丸良夫はこのような「通俗道徳」の実践による自己回復の思想を「心の哲学」と呼んでいるが、私たちは、

▶**義民信仰**　このタイプの信仰は全国各地にみられるが、代表的なものに、下総《しもうさ》(千葉県)の佐倉惣五郎《さくらそうごろう》、上州《じょうしゅう》(群馬県)の磔茂左衛門《はりつけもざえもん》、若狭《わかさ》(福井県)の松木荘左衛門《まつきしょうざえもん》などの事例がある。人を神にまつる伝統的な信仰の一つのバリエーションといえる。

▶**食行身禄**　一六七一〜一七三三年。

▶**ミロクの世**　ミロク＝弥勒は、もともと釈迦牟尼仏について仏になると約束された菩薩で、釈迦入《にゅう》滅《めつ》後、五六億七〇〇〇万年後、この世に下生《げしょう》して衆生を救済するとされる未来仏のことだが、伝統的な民間信仰でいう「ミロクの世」とは、人びとの願いが十分に満たされた平和で幸福な社会のこと。

▶**入定**　聖者が入滅(死去)することだが、ここではとくに、断食して土中に埋まり、みずからを死にいたらしめて聖者となること。

●—惣五郎の霊をまつる宗吾霊堂(千葉県成田市)

▼中山みき　一七九八〜一八八七年。

あとでみる生き神教祖たちの生き方やその教えのなかにも、そうした要素を、はっきりと認めることができる。

このような義民信仰、入定信仰、身禄の宗教思想は、民間信仰の奥深い伝統に根ざしたものだが、そこになんらかの変革の息吹きをあたえなければ、これらの信仰は人びとの力にはなりえなかったと思われる。そして、これらの信仰が、幕府の厳しい統制のもとで十分に成熟しないまま、多くの人たちが、なお、呪術的・習合的多神観のもたらした「むなしさ」の淵にただよいつつあるとき、生き神教祖たちは、より大きな救いを求める孤独な戦いを始めていたのである。

生き神教祖の群像

ここではまず、それらの教祖のうち、筆者がもっとも重要と考える四人の人物に焦点をあて、その生涯と宗教思想の概略について簡単に述べておきたい。

中山みき

幕末の民衆宗教を代表する天理教《てんりきょう》の創始者中山みき▲は、近代日本が生み出した多くの宗教家のなかでも比較的よくその名を知られた人物の一人である。それは、天理教が、いまも相当の規模を誇る有力教団の一つだからでもあるが、なによりも彼女の妥協を許さない毅然《きぜん》とした生き方と、苦難の淵に沈む多くの民衆に生きる勇気と希望をあたえたその教えとが、人びとの深い共感を呼んできたからにちがいない。

中山みきは、大和《やまと》国山辺《やまべ》郡三昧田《さんまいだ》村(奈良県天理市)の庄屋《しょうや》の家の長女として生まれた。幼いころから体が虚弱で、内向的な性格だったという。やがて彼女は、浄土宗《じょうどしゅう》の熱心な信者だった両親の影響で、この世を厭《いと》い、彼岸《ひがん》の浄土に憧れをいだくようになり、いつしか尼になることを願うようになった。このような彼女の性向を危惧した両親は、まだ一三歳の彼女に、隣村の地主の長男、中山善兵衛《ぜんべえ》に嫁すことを勧め、彼女は、寺参りの自由を条件にこれを承《う》けた。

結婚して三年目、みきは一六歳にして早くも姑から家事の一切を委ねられ、封建《ほうけん》的な家族主義のもとでの主婦としての重圧を、一身に背負うことになった。そのうえ、生まれた子どもがあいついで夭折《ようせつ》するという不幸に見舞われ、大塩《おおしお》平八郎《へいはちろう》の乱▲で世の中が騒然とする一八三七(天保《てんぽう》八)年には、一七歳になった跡取り息子の秀司《ひでじ》も、足に激痛が走るという難病に襲われる。

▼**大塩平八郎の乱**　大坂町奉行所の与力《よりき》大塩平八郎(一七九三～一八三七年)が、天保の飢饉に際し、町奉行に救済を請うて聴きいれられなかったので、一八三七(天保八)年、幕政批判の兵をあげた事件。大塩は敗れて潜伏後、放火して自殺。

●――天理教教会本部の礼拝殿

中山家では、近村に住む山伏《やまぶし》の祈禱《きとう》がよく効《き》くと聞いて、早速彼を招き、繰り返し大がかりな寄加持《よせかじ》▲が行われた。ある日の寄加持で、いつも加持台をつとめる巫女が不在だったため、みきがその代役をつとめる。やがて神がかり状態となった彼女は、突然、自分は「天の将軍、実の神」であり、「三千世界」を助けるために天降《あまくだ》った、といい、夫に対して、みきの体を「神の社《やしろ》」としてもらい受けたい、いやなら家を断絶させる、と迫った。みきの激しい神がかりをみて、夫はこれに従うほかはなかった。一八三八(天保九)年十月二十六日、みきが四〇歳のときである。天理教では、この日を開教の日としている。

開教後、中山家は没落の一途を辿り始めた。みきが「貧に落ち切れ、貧に落ち切らねば難儀なる者の味わいが分からん」という神の声を聴き、貧しい人びとへの施しに励んだからだといわれる。このころから「てんりんわう」(のちの天理王命《てんりおうのみこと》)の神名が定まり、彼女の布教活動が活発化していった。

とりわけ、その中心を占めたのが「帯屋ゆるし」と呼ばれる安産の祈願である。これが人びとの評判となり、近隣の村々に講が立ち始め、一八六七(慶応《けいおう》三)年には天理教の教義の基本となる「みかぐらうた」の原型がつくられた。これに続

▼**寄加持**　加持(しばしば祈禱と結合し加持祈禱と呼ばれることが多い)は、広く神仏の崇拝対象に印契《いんけい》を結び、その真言などをとなえて崇拝対象の境地にはいり、祈願の達成を祈る儀礼。その際、加持を行う者とそれによって神霊などが憑依する者(加持台)とに役割を分けて行われるのが寄加持。

●中山みきの「おふでさき」

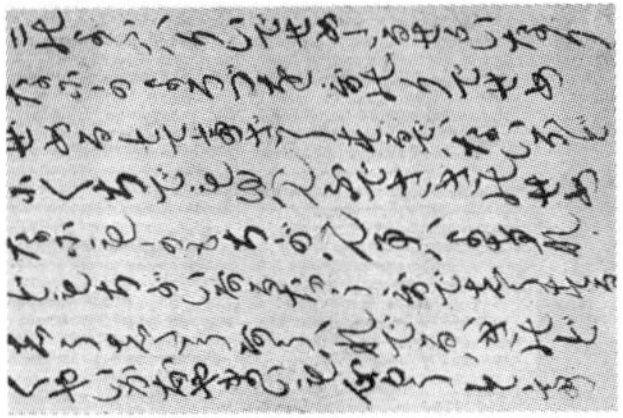

いて、明治維新《いしん》の翌年、一八六九(明治二)年から書き始められたのが、みきの宗教思想をあますところなく今に伝える「おふでさき」である。

このなかでみきは、「世界いちれつ」はみな「神の子」であるという人間の根源的な平等を説き、「谷底」の民衆を苦境に追い込む「大社高山《たいしゃたかやま》」(権力者)に対して激しい批判をあびせ、人びとが「心のほこり」を払って、たすけを「せきこむ」(急ぐ)「神のしんじつ」に目覚めれば、病も難儀もない自由で平和な「陽気暮らし」の世界が実現する、と説いた。

このようなみきの変革的な宗教思想に、天皇制の支配秩序とはあいいれない危険な性格を嗅ぎとった官憲は、淫祠邪教《いんしじゃきょう》の▲名のもとに激しい弾圧を繰り返し、みきは幾度となく留置・投獄された。そして、一八八六(明治十九)年、厳寒のなかで一五日間の留置生活にたえたみきは、ついに病の床に伏し、翌年、「たすけ一条」に身をささげた波乱の生涯を閉じた。八九歳だった。

金光大神

このようなみきの宗教の民衆的性格が、そのシャーマン的・預言者《よげんしゃ》的資質と世直し的なユートピア思想に支えられたものであるとすれば、金光大神▲の開い

▼**淫祠邪教**　淫祠は、いかがわしい神をまつった社。邪教は、世に害をあたえる正しくない宗教のことだが、近代ではしばしば権力がみずからにとって不都合な宗教を弾圧する口実にしたり、一部の知識人や宗教者が、伝統的な民俗信仰や大衆的な新興宗教を批判するときに用いられた。

▼**金光大神**　一八一四〜八三年。金光大神は、金光教教祖が、神からあたえられたとする神号。神号は、その信仰の深まりに応じて改められていったが、金光大神は、その最後のもの。なお、神号は、教祖だけでなく、その弟子たちにもあたえられた。

た金光教のそれは、呪術の克服、神との対話による信仰の個人化・内面化、政治からの自立性(政教分離の志向)などの開明的な要素に裏打ちされたものであったといえる。

金光大神は備中《びっちゅう》国浅口《あさくち》郡占見《うらみ》村(岡山県浅口市)の貧農の次男として生まれた。一二歳のとき、となりの大谷《おおたに》村の貧しい農家に養子として迎えられ、以後赤沢《あかざわ》文治《ぶんじ》と名乗る。養父の死後、八公二民といわれる激しい収奪のなかで、文治は経営の拡大につとめ、やがて村内の高持《たかもち》百姓▲の上位に位置するまでに家運《かうん》を挽回する。

しかし、そのころから、長男を皮切りに三人の子どもがあいついで早世し、二頭の飼い牛が病死するなどの不幸が続き、文治四二歳の厄年には、ついにみずからが重病の床についた。前述のように種々の民間信仰にまつわる俗信と深く交わっていた文治は、このときも、石鎚神《いしづちがみ》▲の先達《せんだつ》を呼んで祈願をさせた。

神がかりとなった先達は、「豹尾《ひょうび》・金神《こんじん》▲に対する無礼」が、病の原因であることを示唆した。しかし、これに対して文治は、「どの方角に無礼があったのか自分は凡夫《ぼんぶ》でわからない。また、方角をみてすんだとも思っていない」とひたす

▼**高持百姓**　江戸時代、村高(村の耕地に等級をつけ、おのおのの収穫率を定めて計算した村の総石高《こくだか》)の一部を所持し、年貢《ねんぐ》負担の義務とそれに応じた権利をもつ農民。本《ほん》百姓ともいう。

▼**石鎚神**　愛媛県にある修験道の霊場、石鎚山に伝わる山岳信仰。

▼**豹尾・金神**　豹尾は陰陽道系の吉凶《きっきょう》をつかさどる八将神《はちしょうじん》の一つ。とくにこの神のいる方角に向かって畜類を求めたり大小便をすることがタブーとされた。江戸時代の暦の冒頭などには、その年の八将神の方位が示されていた。金神も陰陽道にまつわる方位の神で、あらゆる厄神のなかでも最悪のものとして恐れられていた。これも暦の冒頭でその年の方角が示されている。金神信仰は、とくに西国《さいごく》地方で有力だったといわれる。

ら神に詫びている。つまり、彼は、世間の「常識」では律しきれないところにみずからの「凡夫」としての限界を認め、そのような凡夫性にあらゆる問題の根源をみいだそうとしていたのである。

この一件があってから一年の歳月がすぎたころ、隣村に住む実弟が突然「金神様お乗り移り」と叫んで神がかりとなった。その後、しばしば実弟のもとにかよって指図をあおぐようになった文治に、実弟の口をとおして「これまではいろいろな不幸にあったが、これからは何事も金乃神を一心に頼め。医師や法《ほう》人《にん》▲など要《い》らぬようにしてやる」との神のお知らせがあった。

この神はもはや人に災いをもたらすものではなく、したがって日柄・方位の禁忌とも関係がなく、ただ神への信心《しんじん》によってのみおかげをえることのできる民衆の祖神であった。こうしてあらたな境地を切り開いた文治は、やがて、みずから神の声を感得するようになり、以後、何事も神の命ずるままに生きようとする姿勢が、彼の生産から生活にいたる一切の行動を刷新していった。

文治のことを聞きつけて、人が訪れるようになったのはこのころからであろう。一八五九(安政《あんせい》六)年、「世間になんぼうも難儀な氏子あり、取り次ぎ助けて

▼**法人**　村に定住する修験・山伏(里《さと》山伏)のこと。近世の文書には百姓山伏と記されていることもある。加持・祈禱をもっぱらとする。

やってくれ。……氏子あっての神、神あっての氏子、末々繁盛いたし、親にかかり子にかかり、あいよかけよで立ち行き」(「金光大神御覚書」)という神の頼みに従って、文治はいよいよ民衆の救済者として立つことになった。

教祖(以下、文治を教祖と呼ぶ)はこののち自宅を広前《ひろまえ》▲とし、集い来る人びとに、「取次」と呼ばれる神との簡素な、しかし緊張に満ちた対話の形式をとおして、親神＝天地金乃神《てんちかねのかみ》への実意丁寧な信心によるおかげの成就を説いた。そのなかで教祖がとくに強調したのは、それまで人びとの禍福《かふく》の観念を支配してきたいわれのない俗説の迷妄から目を覚ますことであった。

たとえば彼はいう。「人間は勝手なものだ。生まれるときには日柄の良し悪しもなにもいわずにでてきておりながら、真ん中のときだけなんのかのと勝手なことをいって、死ぬときには日柄もなにもいわずにかけていってしまう」。平易でいてしかも事柄の核心をついた教祖の言葉に、いまだ仏滅だ、友引だなどという俗説に振りまわされ、あやしげな新宗教の跋扈《ばっこ》する現代のわれわれの社会が、そのころに比べてどのくらい進歩したのかを、改めて考えさせられる。

また、「天地金乃神は一段上の神、神たる中の神」という把握から、「天が下

▼広前　本来は神仏の御前《みまえ》という意味だが、金光教では、教主または各教会長が神前に奉仕する場所、あるいはその建物をさす。

●──金光教大本社絵図(浅口郡大谷村、一八八七年)

の者はみな、天地の神様の氏子である。天が下に他人はない」という人間の平等観と連帯感に導かれる。そして彼は言い切る。「伊邪那岐《いざなぎ》・伊邪那美命《いざなみのみこと》も人間、天照大神《あまてらすおおみかみ》も人間であり、その続きの天子《てんし》様も人間であろう」。あるいは、「女の腹は借り物であるというが、借り物ではない。万代の宝である」、「女は神に近い」という女性への尊敬も、教祖の強調してやまないところであった。

このような教祖の教えを支える究極的な原理を、彼自身の言葉に求めるとすれば、彼が一八七三(明治六)年に信心の要義《ようぎ》として示し、今日「天地書付《てんちかきつけ》」の名で呼ばれている「生神金光大神、天地金乃神、一心に願《ねがえ》、おかげは和賀心《わがごころ》にあり」という一句に表現しつくされているといえよう。ここでいう「生神」とは、「人間は神の子であり神の働きによって生かされている存在だ」という意味に解される。また、「おかげは和賀心にあり」というのは、「そうした神の働きを生かすも殺すも自分の心次第だ」ということであろう。こうした金光大神の生き神思想は、民衆宗教の生き神教祖たちに共通してみられる「人間＝神の子観」を、さらに徹底させたものであったといえる。

その後、「出社《でやしろ》▲」と呼ばれる弟子たちの活発な布教活動によって、金光教の教

●―金光大神直筆の「天地書付」

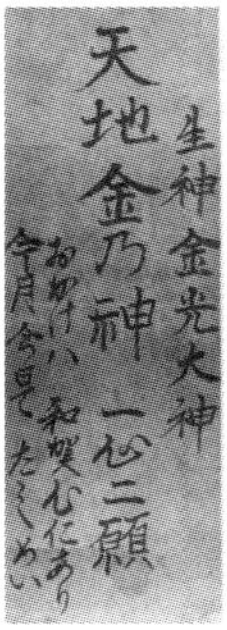

▼出社 本社《ほんしゃ》に対する末社《まっしゃ》の意味に由来する言葉と思われる。立教から明治初年まで、教祖がその高弟たちに一種の神号として付与していた。その性格については、五八ページ「講・出社・直信」の項を参照されたい。

線は九州から東京にまで延びていった。それとともに山伏や戸長《こちょう》▲らからの妨害にあい、布教は困難をきわめた。これに対して教団幹部らは「神道《しんとう》」としての公認による打開を教祖に進言したが、教祖は「此方のは神様が違う」と、即座にこれを断わった。そして、民衆宗教の生命にかかわるこの言葉は、くしくも最後の遺訓となり、教祖は一八八三(明治十六)年、六九年にわたる生涯をおえた。

伊藤六郎兵衛

一八七〇(明治三)年、武蔵《むさし》国橘樹《たちばな》郡登戸《のぼりと》(神奈川県川崎《かわさき》市)の農民伊藤六郎兵衛《ろくろべえ》▲によって創始された丸山教《まるやまきょう》は、天理教や後述する大本《おおもと》教とともに、世直《よなお》し的な性格をもった民衆宗教を代表するものの一つである。

六郎兵衛は、幼少のころ、寺子屋《てらこや》▲の教材だった『実語教《じつごきょう》』や『童子教《どうじきょう》』に親しんだが、そこで説かれている通俗道徳は、のちの丸山教教義の形成に深くかかわっている。彼は一四歳のときから隣村の親戚に作男《さくおとこ》として住み込んだのち、登戸村の伊藤家の婿養子となった。伊藤家は、農業のかたわら富士信仰の丸山講▲の先達をしてきた家柄で、六郎兵衛もその感化を受け、とくに二五歳のとき、富士講の祈禱によって大病が全快してからは、人一倍信心に励むようになった。

▼**戸長**　明治初期、町村制施行以前に町村におかれた行政担当の吏員。その事務所を戸長役場といった。

▼**伊藤六郎兵衛**　一八二九〜九四年。

▼**寺子屋**　江戸時代から明治初年にかけて、庶民の子弟に読み・書き・算盤《そろばん》などを教えていた初級の教育機関。中世、学問や教育の中心が寺院にあったため、この名称が生まれたという。

▼**富士信仰・丸山講**　富士山を霊場とする伝統的な山岳信仰の一つ。近世の江戸では、八百八講《はっぴゃくやこう》と呼ばれるほど富士信仰のための講が簇生した。丸山講もそのような富士講の一つ。その笠印が丸に「山」の字であったところから丸山の名がついたという。

▼**水行**　水垢離《みずごり》の修行。神仏に祈願するため、冷水をあびて身体のけがれをとり、清浄にすること。

開教の発端は妻の大病に始まる。六郎兵衛は激しい水行《みずぎょう》▲を繰り返すとともに、不動行者《ふどうぎょうじゃ》を呼んで祈禱を行った。このとき、行者に仙元大菩薩《せんげんだいぼさつ》▲が神がかりし、妻の全快後は、六郎兵衛自身が神がかりとなった。神は六郎兵衛の口をとおして、これからはお前が直接神の声を聞くように、と命じ、その後、地上における神の名代として神の言葉を伝える役割を果たすように求められたという。これは、丸山教が一つの宗教として出発する転機となった。

六郎兵衛の布教活動が活発になると、彼を生き神とあおぎ救済を求めてやってくる人たちが急増した。それとともに丸山教は、教導職でない者があやしげな宗教活動を行って人びとを惑わせているという理由で弾圧を受け、六郎兵衛はついに警察に拘留《こうりゅう》された。これに対し彼は、「今は自分一人の身体でも信心でもなく、神様から使われている身体であり信心であるから、自分の考えでとめるわけにはいかない」ときっぱり棄教《ききょう》を拒否している。

六郎兵衛はその後も布教活動をやめず、激しい修行に身を打ち込んだため、翌年ふたたび警察で取調べを受けるが、釈放後は「非人《ひにん》修行▲」と称してゴザとタケノコ笠を身につけ、ひそかに社祠《しゃし》への祈願や人助けのための修行にでかけた。

▼**仙元大菩薩**　富士信仰の本尊。富士山をもって神仙の住むところと考える発想から、江戸時代の初期、富士山頂の浅間《せんげん》神社の名を仙元と呼びかえるようになり、その神体である木花開耶姫命《このはなさくやひめのみこと》を仙元大菩薩ととなえるようになった。

●――丸山教教祖伊藤六郎兵衛

▼**非人修行**　非人とは、江戸幕府がえたとともに、士農工商の四《し》民《みん》の下においた最下層の身分。非人修行は、非人の境涯をみずから体験する修行のことであろう。

それによって最底辺の人たちの苦難をみずからの体にきざみこもうとしたのであろう。こうして、しばらくは表立った行動をひかえていたが、信心を進めることも退くこともままならぬ状態に悲嘆した六郎兵衛は、ついに断食による入定を決意し、富士山の八合目までのぼって断食《だんじき》にはいった。

しかし入山後ほどなく、富士講の統一によるあらたな宗教運動の展開をめざしていたもと神祇《じんぎ》官僚の宍野半《ししのなかば》▲が、成長の著しい丸山教に目をつけ、六郎兵衛に、宍野の富士一山講社《いちざんこうしゃ》▲への加入を誘ってくる。六郎兵衛は、神意によるものとしてこれを受け、以後丸山教は公然と布教ができるようになった。

その後丸山教はさらに発展をとげ、一八八〇(明治十三)年には信徒数が一〇万人に達した祝典をあげている。とくに六郎兵衛が静岡に巡教した一八八二(明治十五)年以降、丸山教は幻想的な世直しの傾向を強め、東海地方や関東地方で爆発的な教勢の伸びを示した。それは、当時同地方で展開された自由民権《じゆうみんけん》の激化諸事件▲や困民党《こんみんとう》▲の運動との内面的なつながりを示唆している。

一八八二年、富士一山講社は教派《きょうは》神道の一派、扶桑教《ふそうきょう》として独立するが、二年後に管長の宍野が死ぬと、丸山教系と宍野系との対立が深まり、翌年丸山教

▼**宍野半**　一八四四〜八四年。

▼**富士一山講社**　宍野半が各地に散在する富士講の結集をはかって一八七三(明治六)年に結成した講社。

▼**激化諸事件**　自由民権運動の末期、自由党の急進派や負債農民がおこした福島事件、群馬事件、加波山《かばさん》事件、秩父《ちちぶ》事件などの過激化した一連の事件。

▼**困民党**　激化諸事件が展開された一八八三〜八四(明治十六〜十七)年にかけて、東山《とうさん》養蚕地帯といわれる関東・中部地方の山沿い地帯で負債の年賦や利子の減免を要求する中下層農民の運動が激発した。彼らはしだいに組織をととのえ指導部を確立し、みずからを困民党、借金党などととなえるようになった。代表的なものに秩父事件ともかかわった秩父困民党や武相《ぶそう》困民党などがある。

系は扶桑教を離れて神道本局の所属となった。その後、民権運動と丸山教の連携を恐れた警察は、東海・中部地方の丸山教に対する取締りを強化する。対応を迫られた丸山教の本院《ほんいん》は、「よならし」の予言で急成長をとげた静岡県の有力教会の一つを追放した。これを境に教勢が衰えをみせるなか、六郎兵衛は、一八九四(明治二十七)年、六五歳の生涯を閉じた。教祖の死後、丸山教は国家神道教義との融合をはかり、さらに衰退の一途をたどった。

六郎兵衛の教えについては、晩年近くの一八八七〜九四(明治二十〜二十七)年に書かれた「御法御調《ごほうおしらべ》」(「おしらべ」)と呼ばれる日記体の教義書が残されている。その内容は、教義の説明をはじめ、仏教や神道への批判、文明開化《ぶんめいかいか》▲への批判、丸山教の成立事情など多岐にわたっているが、それらに通底している彼の教えの要点は、「文明をなげうちて、天明にみちびく」という一句に集約されているといってよい。

「おしらべ」にみる六郎兵衛の「文明開化」への批判は、ほとんど呪詛《じゅそ》に近いものであった。「文明は人倒し」という言葉は有名だが、「今年の新政、内実はいかばかり。西洋文明国まで、日本国家へ条約改正。自由党と坊主はほろびる。

▼**文明開化**　本来の意味は人知が開け世の中が進歩することだが、とくに明治初年、西欧文明の導入によって日本を近代化していくスローガンの役割を果たした。

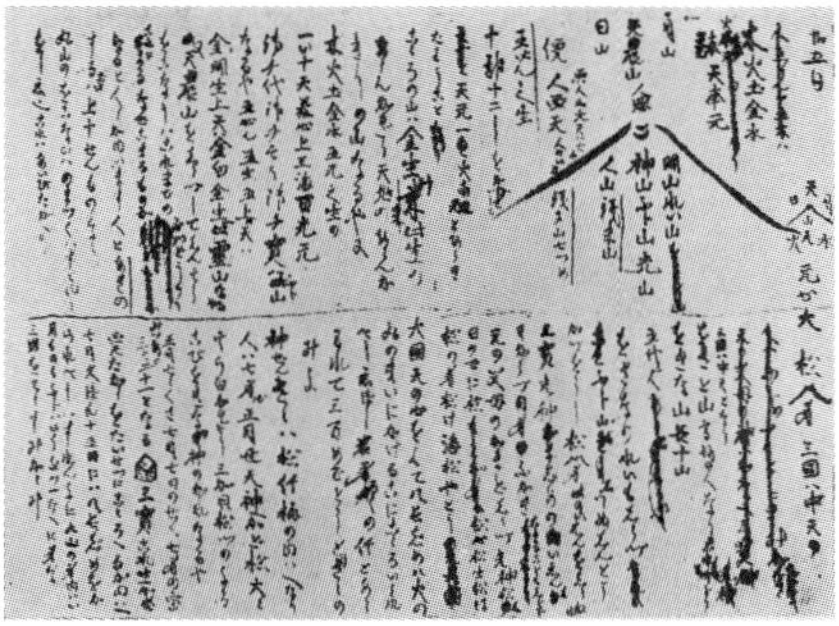

●——**丸山教教祖直筆の「御法御調」**

神官宗教・人民は日にちの不陽気になげく」という言葉と併せ読めば、その批判が社会の全面におよぶものであったことがうかがわれる。

一方、この「文明開化」に対置されるのが、一八八五(明治十八)年ごろから丸山教の神言《しんごん》(唱え言葉)となった「天明海天《てんめいかいてん》」である。ここでいう「天明」とは、富士山と一体である太陽＝祖神のことであり、「海天」とはその天明のめぐみによって光り輝くこの世界、とりわけ人間のことをさしていた。

丸山教の神は、富士講の伝統を引き継ぎ、富士山の神格である「月日仙元大菩薩」と呼ばれることもあったが、「おしらべ」では「元《もと》の父母《ちちはは》」「をきな」などの語が多用されており、今日では「もとのおやがみ様」「おやがみ様」と唱えられている。この神は自然神に近いものだがその根元性・至高性においては、他の民衆宗教の神々と共通するものがあり、それは、人間を「神の御末《みすえ》」とし、「心が神」「よきもあしきもわが心」とする考え方においても同様であった。

このような六郎兵衛の宗教的な理想世界が、必ずしも具体的な社会変革への展望を切り開くものでなかったことはいうまでもない。しかし、そうした展望をもちえた民権運動自体が、「文明のおしえ」としての限界をもっていたとしたら、六郎兵衛の教えは、暗黒の「文明」に対置されるその鮮烈な宗教的幻想性のゆえに、同時代の多くの民衆の共感を呼ぶことができたのだ、ともいえよう。

出口なお

大本教の開祖出口《でぐち》なお▲の宗教思想には、これまでの三人の教祖の場合と多くの点で共通したものがみられるが、とくに六郎兵衛となおの宗教において、世直し的な性格が際立っているのは、二人の開教をうながした原始的蓄積期の危機的な状況が、みきや金光大神の直面した幕藩制解体期のそれをはるかにしのぐものだったからであろう。とりわけ、地方小都市の細民の主婦だったなおの苦難は、想像を絶するものであった。なおの宗教思想にみられる差し迫った終末観は、まさにその苦難の深さにみあったものといえる。

出口なおは、維新変革の足音が聞こえ始めた一八三六(天保七)年、丹波《たんば》国福《ふく》知山《ちやま》(京都府福知山市)の貧しい大工の家に生まれた。この年はいわゆる天保の大飢饉《だいききん》の年で、この地方も例外ではなく、なおはあやうく減児《へしご》▲になるところだったという。一〇歳のとき父をなくし、子守《こもり》奉公▲にだされるが、一七歳で綾部《あやべ》(京都府綾部市)に住む伯母の養女になり、二〇歳で大工職人を婿に迎えた。

▼出口なお　一八三六〜一九一八年。

●——大本教開祖出口なお

▼減児　口減らしのため間引《まび》きなどによって生児の生命を奪うこと。

▼子守奉公　他家に雇われて子守りに従事すること。

夫は、酒飲みの浪費家で、家は没落の一途をたどる。そのうえ、子だくさんで家計はさらに逼迫し、松方《まつかた》デフレの影響が極点に達する一八八四年、一家はついに破産状態となった。なおはボロ買いをして夫や子どもたちにつくしたが、その夫もまもなく病死する。夫の死は彼女にとっては解放となるはずだったが、長男の失踪《しっそう》、次男の戦死、長女の不身持《ふみもち》など、心の休まる暇がなかった。

後年なおは、このころの自分について「この世にはない苦労をした」と述べている。にもかかわらず彼女は、神仏への信仰や他人への思いやり、道徳的な厳しさを失うことはなかったという。しかし、そのような彼女の矜持《きょうじ》は、みずからを支えるものでありながら、それを裏切るかのような現実との裂け目を広げた。そうした内的緊張が極点にまで達したとき、彼女には大きな転機が訪れる。

まず一八九〇（明治二十三）年、金光教の信者だった三女が神がかりとなり、翌年には長女が精神に異常をきたす。なおは、それに誘発されるかのようにみずから神がかりとなり、狂乱状態に陥った。彼女に憑《つ》いた神は「三千世界▲の立替え立直し」のために出現した「艮《うしとら》の金神」であると名乗った。精神異常とみなされたなおは、四〇日間にわたり座敷牢《ざしきろう》▲にいれられるが、神の命ずるままに書

▼三千世界　もともとは仏教化するすべての世界の意味だが、ここではわれわれが住む世界の全体をさす。

▼座敷牢　精神に障害をもつ人などを、外にでられないように厳重に仕切っていれておく座敷。

いたという「筆先《ふでさき》」は、このときから始まったらしい。「明治二十五年旧正月……日」の日付をもつ「初発《しょはつ》の神諭《しんゆ》」の冒頭は、つぎの言葉で始まっている。

三千世界一度に開く梅の花、艮の金神の世に成りたぞよ。梅で開いて松で修める、神国の世になりたぞよ。日本は神道、神が構はな行けぬ国であるぞよ。外国は獣類《けもの》の世、強いもの勝ちの、悪魔ばかりの国であるぞよ。日本も獣《けもの》の世になりて居るぞよ。外国人にばかされて、尻の毛まで抜かれて居りても、未だ眼が覚めん暗がりの世になりて居るぞよ。是では、国は立ちては行かんから、神が表に現はれて、三千世界の立替へ立直しを致すぞよ。用意を成されよ。この世は全然《さっぱり》、新《さら》つの世に替へて了《しま》ふぞよ。

ここにみられるなおの排外主義から眼をそらすことはできないが、これについては後述する。「艮の金神」は、金光教からの影響も考えられるが、三千世界の立替え立直しをなしうる神格として、祟り神としての強烈な霊威をもつものであることが、なおにとってはむしろ重要だったのであろう。いずれにしてもこの「筆先」は、なおが嘗《な》めつくしてきた苦難の翳《かげ》りもみせぬ堂々たるものであり、あらたな宗教の開教を告げるにふさわしいものであったといえる。

●――出口なおの「筆先」

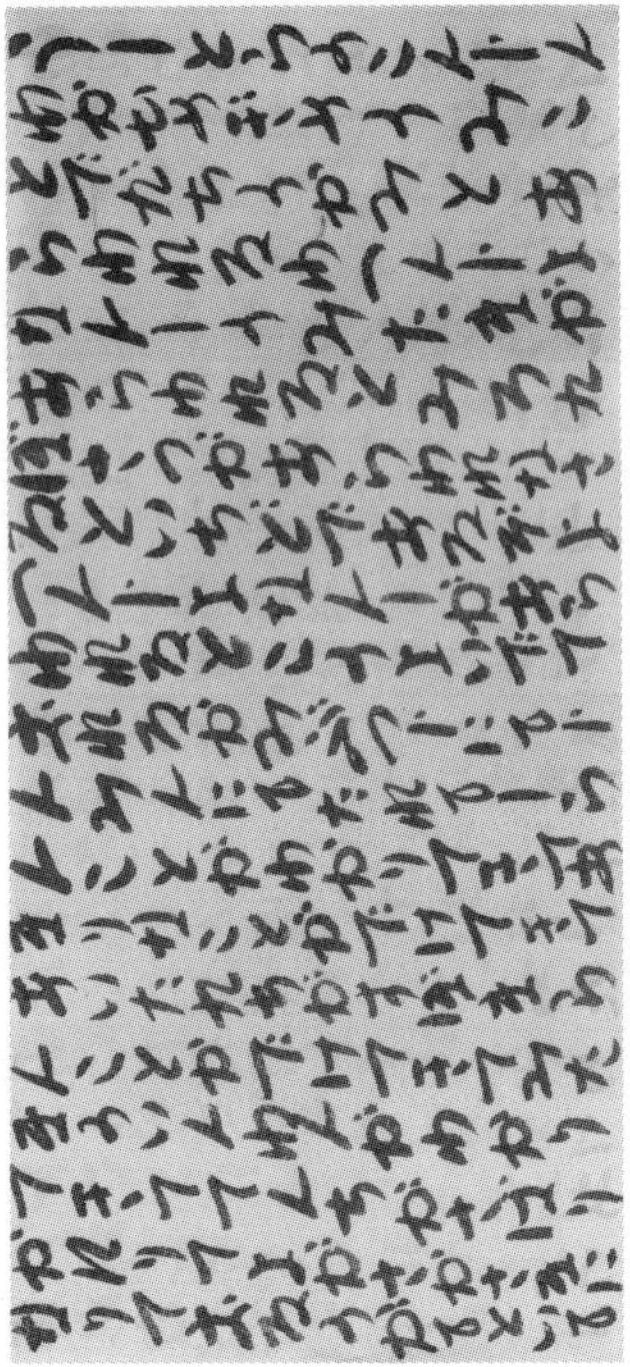

座敷牢から解放されたのち、なおはボロ買いの仕事を続けながら、人びとの求めに応じて病気直しの祈禱をするようになった。「大本の経綸《しぐみ》は病気直しでない」というのがなおの基本的な立場だったから、これは、神を表にだすための「方便」だったのかもしれない。しかし、なおからおかげを受けた人びとのあいだで、なおの説く「艮の金神」の信仰は着実に広がり始めた。

なおの筆先は、彼女の教えの内容を知る貴重な資料である。その要点をまとめると、つぎのようになるだろう。「この世は欲にとらわれた利己《われよし》主義の強いものの勝ちの暗がりの世に陥っているが、これまで陰に押し込められてきた艮の金神が表にあらわれて、三千世界の立替え立直しをする。なおはその御用をつとめる神の代理である。世界の人民も、この神の経綸を成就するため、ただちに改心せよ」。とりわけ、「日本の人民から改心をしてくださらんと、世界の人民三分になるぞよ」というなおの強烈な終末の予言には、人びとの心をゆさぶるものがあったにちがいない。

その後、布教の安定をはかるため、なおは一時金光教会に身をよせていたが、一八九七(明治三十)年、金光教と決別して独自の布教所を開いた。しかし、信者が集まるたびに警察から解散を命じられ、世話人たちと布教の合法化を模索していたおりから、国学《こくがく》の素養やシャーマンの行法を身につけた霊能者上田喜《き》三郎《さぶろう》▲の協力がえられることになり、なおの教会は、稲荷講社《いなりこうしゃ》▲傘下の「金明霊学《きんめいれいがく》会《かい》」としてあらたなスタートを切る。この喜三郎が、のちになおの五女すみと結婚し、なおの後継者となった聖師《せいし》出口王仁三郎《おにさぶろう》である。

組織者としての資質にめぐまれた王仁三郎の登場で、なおの布教活動はふたたび活況を取り戻した。やがて、なおと王仁三郎とのあいだには、お互いの宗教観をめぐる確執が生じ、また、警察からの干渉があとをたたず、大本教はいく度かの盛衰を繰り返した。

一九一〇年代にはいると、王仁三郎の活動がようやく実を結び、大本教は全国的な発展を始める。それを見極めたかのように、一九一一(明治四十四)年、なおは七六歳で隠居し、王仁三郎がその後継者となった。一九一四(大正三)年第一次世界大戦が勃発すると、大本の立替え立直しの思想はふたたび現実味をおびたものとして迎えられ、教勢はさらに拡大の一途をたどった。その姿をなおがどうみていたかはわからないが、晩年にいたるまでなおの筆先から激しい

▼**上田喜三郎**　一八七一〜一九四八年。のちの出口王仁三郎。

▼**稲荷講社**　静岡県清水《しみず》に本部をおいていた公認の宗教結社。なおに出会う前、出口王仁三郎はここで霊学や鎮魂《ちんこん》帰《き》神法《しんほう》(後述)を学んだ。

現状批判の声が消えることはなかった。こうして神の代理としての苦難を負い続けたなおは、一九一八(大正七)年、その八二年におよぶ波乱の生涯を閉じた。

大本教が、最初の大弾圧を受けるのはそのわずか三年後のことであり(第一次大本教事件)、さらに、二度目の弾圧で壊滅させられるのは、一四年後のことである(第二次大本教事件)。

切り開かれた地平

ここで、これらの生き神教祖らがあらたに切り開いた神観念の特徴とその歴史的な意義について簡単にまとめておきたい。

まず、第一にあげておかなければならないのは、それぞれの親神の神格の超越性・至高性である。それは、必ずしも排他的なものではなかったという条件をつけるなら、あえて一神教《いっしんきょう》に近いものであったといってもよい。

この一神教・多神教という問題については、今日、一神教＝「排他的・攻撃的」、多神教＝「平和的・共存的」という独断的な前提から、世界の宗教を洋の東西に二分し、アジアや日本の多神教の復権を唱える俗説が横行している。しかし、宗教が人間を生み出したのではなく、人間が宗教を生み出したものであるかぎり、一神観も多神観も要素としては人類がみな共有しているものであり、時々の歴史的な条件と、それに対する人びとの関わり方のいかんがそれぞれの性格を規定し、どちらかの優位を現象させてきたにすぎない。

その意味で、教祖らの超越的神観も、むろん生得的なものでもなければキリスト教などの影響によるものでもなかった。中世末から近世初頭にかけての浄土真宗やキリシタンへの苛烈な弾圧▲が、人びとの超越的な信仰を圧殺し、その現世利益の要求を呪術的・習合的多神観のなかに封じ込めていった事情については、さきにも述べたとおりである。そうだとすれば、そこに醸成された御利益信仰の救済観のむなしさの淵からみずからを救いだし、みずからを立てなおしていこうとするとき、教祖らが、民衆をいとおしんでやまない親神の偉大な神格との出会いに導かれていった道筋は、ほとんど必然的なものであったといえよう。教祖らの人間に対する深い洞察も、そのゆえの連帯感も、根源的な平等観も、権力への鋭い批判も、そうした親神の高みにみずからの視点をすえ、人間社会の営みを俯瞰しえたとき、はじめて獲得されたものであった。むろん、

▼浄土真宗・キリシタンへの弾圧
浄土真宗に対しては織田《おだ》信長《のぶなが》が各地の一向一揆を徹底的に殲滅《せんめつ》し、キリシタンに対しては、豊臣秀吉《とよとみひでよし》の禁教に続き、徳川《とくがわ》幕府も、これを厳禁し、踏絵《ふみえ》、宗門改《しゅうもんあらため》め、寺請制などによってその徹底をはかった。

▼超越的神性　近代の天皇が超越的・絶対的な神格として立ちあらわれた歴史的な事情も民衆宗教における超越的神性の創出と対応するものであり、教祖らの信仰が繰り返し国家の弾圧にさらされたのも、その神格の超越性が天皇のそれをおかすものとみなされたからにほかならない。

超越的な神観は、つねにそうした働きをもつものとは限らないが、少なくとも教祖らにおける超越的な神性▲の創出にはそのような意味がこめられていたものと思われる。

教祖らの神観念における今一つの著しい特徴は、その「生き神」思想にある。ここでいう生き神とは、人間はみな神の分身を心に宿した「神の子」であり、その神の心をわが心として生きることによって、限りなくみずからを向上させうる存在だ、という意味である。厳しい身分制社会のなかで、人間としての価値が一段低いものとみなされてきた多くの民衆にとって、このような生き神思想が、人間としての尊厳を回復し、さまざまな困難に立ち向かっていく勇気をあたえる大きな力となった点については、もはや多くを語る必要はないであろう。

そのうえでさらに注目したいのは、こうした生き神思想と一脈通ずるものが、幕末維新期における他のさまざまな民衆運動のなかにもみいだすことができる、という点である。たとえば、維新の変革を最深部から担った「世直し」の闘争に登場する「世直し神」「世直し大明神」は、しばしば蜂起した民衆自身に憑依することで、みずからの正当性を確信させる力となった。また、一八六六(慶応二)

年の信達《しんたつ》一揆▲の指導者と目された菅野八郎《かんのはちろう》▲が「世直し八老大明神」と唱えられたケースも、同様のものと考えられる。さらに、一八五三(嘉永《かえい》六)年の三閉伊《さんへい》通《どおり》一揆▲の指導者三浦命助《みうらめいすけ》▲の「獄中記」では、人間は神の形質をうけたものとする教祖らと同様の思想が語られ、「神とはいきたる人の事也」と言い切っている。

こうした局面でとらえるなら、教祖らの生き神観は、幕末の民衆のより広範な精神的雰囲気を反映させたものといえるが、それを、人びとが共有しうるあらたな宗教思想にまで昇華させえたところに、教祖らの果たした役割の独自性と、その歴史的意義がうかがわれる。

最後に、これは必ずしも教祖らの神観にかかわるものではないが、教祖らの多くに共通してみられる「排外主義」的な傾向についても、あえて指摘しておかなければならない。

教祖らが書き残したものをみていくと、私たちはその普遍的な教説には似つかわしくない極端な排外主義の表白に出会って、驚かされることがある。さきに出口なおの「初発の神諭」でみた「外国は獣類の世」というのもその一つである。中山みきの「おふでさき」にも「唐人《とうじん》(ここでは西洋人の意味)が日本の地に入り込

▶**信達一揆**　陸奥《むつ》国信夫《しのぶ》・伊達《だて》両郡(福島県)におきた大規模な百姓一揆。

▶**菅野八郎**　一八一〇〜八八年。

▶**三閉伊通一揆**　三閉伊通とは、陸奥《むつ》国閉伊《へい》・九戸《くのへ》郡(岩手県)下の大槌《おおつち》・宮古《みやこ》・野田《のだ》の三通をいう。この地に一八四七(弘化《こうか》四)年と五三(嘉永六)年の二度にわたって、大規模な一揆が発生した。

▶**三浦命助**　一八二〇〜六四年。

んで、意のままにするのが神の立腹」などのように、唐人への反感を顕わにした言葉が繰り返し登場する。また、伊藤六郎兵衛の「西洋水ぐすり」から「ランプ」の果てにおよぶ西欧への嫌悪感は、ほとんど生理的なものに近い。

その場合、さしあたって考慮しなければならないのは、教祖らによってもっとも激しく告発されているものが、日本の現実を支配している「人倒しの文明」であって、西欧が呪詛の対象となるのは、あくまでその元凶《げんきょう》とみなされるかぎりにおいてである、という点であろう。とはいえ、彼らの怒りが、やがて日本の支配者たちの背後にあるとみなされた西欧そのものに向けられていったのは、ほとんど避けがたいことであったといわなければならない。

しかし、その一方で、彼らが切り開いた「月日《つきひ》（親神）にとって、世界中の人間は皆わが子」という思想内容の豊かさ、人類的な普遍性を思うとき、それらはやはり、いずれは克服されるべきものであったと思われる。いうまでもなく、そうした民衆の排外意識は、不遜《ふそん》で排他的な国体論、侵略主義的なナショナリズムに容易に接合されていく危険性を、つねにはらんでいたからである。

●信達一揆の顛末を報じた江戸のかわら版　左下に「金原田《かなはらだ》村世直し八郎大明神」ののぼりが描かれている。八郎（老）は指導者と目された菅野八郎のこと。

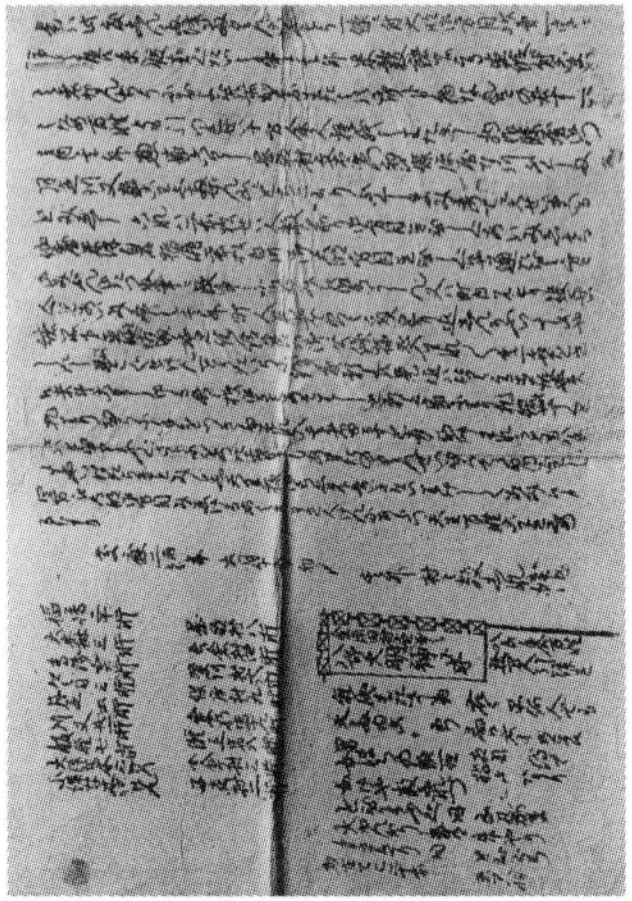

②現人神の浮上――国家神道の形成

国家神道とはなにか

これまでみてきたように、幕末から近代にかけて成立した民衆宗教は、民衆の祖神に対するあらたな信仰の確立によって、同時期の社会変動に根ざした物的・精神的な不安から人びとを解放しようとする「あらたな救済論」として立ちあらわれたものであった。これに対して、のちに国家神道《こっかしんとう》に受け継がれていく水戸学《みとがく》や復古《ふっこ》神道の尊王《そんのう》思想・国体論《こくたいろん》も、ある意味では従来の神道説を「革新」することで、個人や社会や国家の直面する危機を乗りきろうとする一種の「救済論」であったとみることができる。しかし、そのことを述べる前に、そもそも「国家神道とはなにか」という点について、まず明らかにしておこう。

国家神道とはなにかという問題については、その存在そのものを疑問視する立場も含めて、さまざまな見解がみられるが、ここではとりあえず弘文堂の『神道事典』で「国家神道」の項目を執筆した坂本是丸の解説をみておこう。彼によると、国家神道とは「狭義には戦前の国家によって管理され、国家の法令によって他の神道とは区別されて行政の対象となった神社神道を指す」が「広義には皇室神道と神社神道とが結合した『国教《こっきょう》』的地位にあった神道であるとか、『明治維新《いしん》から第二次世界大戦の敗戦に至るまで、国家のイデオロギー的基礎となった宗教。事実上の、日本の国教』といった概念規定もある」としている。

坂本は、そこでいう「広義」の規定には消極的のようだが、それは、「国教」といえるほど国家神道は体系的でも統一的なものでもなく、時々の「単行法令やそのつどの行政措置によって徐々に整備された」不安定なものであった、とみているからである。このような見方は、一部の神道史研究者に共通するものだが、その前提には、「祭政一致《さいせいいっち》」の徹底を求める神職会▲などの勢力と国家権力とのあいだにはつねになにがしかの緊張関係が存在した、という認識がある。

これに対して筆者自身は、そのことを必ずしも否定するものではないが、それより、村々の神社を文字どおり管理し支えてきた広範な氏子大衆《うじこたいしゅう》の伝統的な神社との関わり方が、神職たちの求めるものとも国家が推進しようとしたそれとも乖離《かいり》したものであったという点に、いうところの「不安定」の基礎、強制的性格の基盤があったと考える。その点では神職たちや国家権力が矛盾なく共有

▼**神職会**　一八九八（明治三十一）年に結成された全国の神職の連合組織。一八九〇（明治二十三）年、東京で開催された全国神官大会議の発展したもの。正式名称は全国神職会。

していた国家神道の教義も、氏子たちの信仰とはかけ離れたものであった。国家神道の問題を広く国民の問題としてとらえようとするときには、とりわけそうした視点に立つことが重要である。

いずれにしても、国家神道には制度と教義の両側面があるが、制度的には神社に基盤をおきながら、教義的には神社をはるかに超えたあらゆる機関とメディアを動員してその徹底がはかられたところに、国家神道の大きな特徴がある。近代の民衆宗教がつねに国家神道との関わりで論じられなければならないのはそのためである。

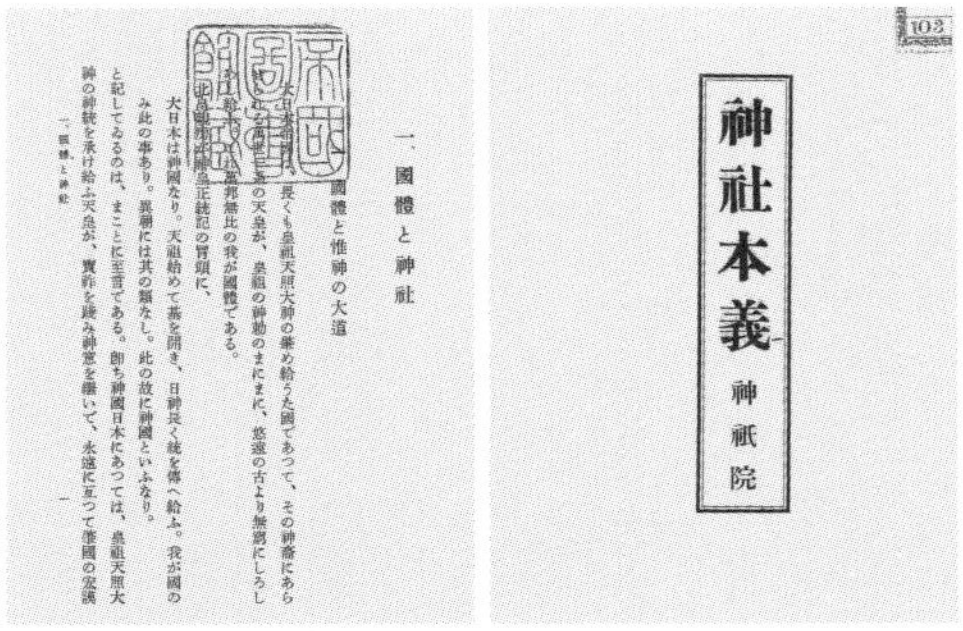
神社本義
神祇院

一、國體と神社
國體と惟神の大道
大日本帝國は、畏くも皇祖天照大神の肇め給うた國であつて、その神裔にあらせられる萬世一系の天皇が、皇祖の神勅のまにまに、悠遠の古より無窮にしろしめし給ふ。これ萬邦無比の我が國體である。
北畠親房は神皇正統記の冒頭に、
大日本は神國なり。天祖始めて基を開き、日神長く統を傳へ給ふ。我が國のみ此の事あり。異朝には其の類なし。此の故に神國といふなり。
と記してゐるのは、まことに至言である。卽ち神國日本にあつては、皇祖天照大神の神統を承け給ふ天皇が、寶祚を踐み神意を體して、永遠に亘つて皇國の宏謨
一、國體と神社　一

●——『神社本義』

水戸学と復古神道

神社は宗教ではなく祭祀《さいし》であるという建て前(後述)から、国家神道には他の宗教にみられるような特定の「教典」は存在しないが、戦時下の一九四四(昭和十九)年に神祇院《じんぎいん》が刊行した『神社本義』のつぎの記述は、国家神道の「教義」を端的に述べたものといえる。

大日本帝国は、畏《かしこ》くも皇祖天照大神《あまてらすおおみかみ》の肇《はじ》め給うた国であって、その神裔《しんえい》

にあらせられる万世一系《ばんせいっけい》の天皇が、皇祖の神勅《しんちょく》のまにまに、悠遠《ゆうえん》の古《いにしえ》より無窮にしろしめ給う。これ万邦《ばんぽう》無比《むひ》の我が国体である。……歴代の天皇は常に皇祖と御一体にあらせられ、現御神《あきつみかみ》として神ながら御代しろしめし、宏大無辺の聖徳を垂れさせ給い、国民はこの仁慈の皇恩に浴して、億兆一心、聖旨を奉戴し祖志を継ぎ、代々天皇にまつろい奉って、忠孝の美徳を発揮し、かくて君民一致の比類なき一大家族国家を形成し、無窮に絶ゆることなき国家の生命が、生々発展し続けている。これが我が国体の精華である。この万世易《かわ》ることなき尊厳無比なる国体に基づき、太古に肇まり無窮に通じ、中外に施して悖《もと》ることなき道こそは惟神《かんながら》の大道である。

こうした思想の原型は、近世後期の水戸学や復古神道によって形成された。

水戸学は、水戸藩主徳川光圀《とくがわみつくに》▲の『大日本史《だいにほんし》』編纂に由来するものだが、寛政《かんせい》期（一七八九〜一八〇〇）以降、藤田幽谷《ふじたゆうこく》▲・東湖《とうこ》▲父子、会沢正志斎《あいざわせいしさい》▲らがでるにおよんで、前期の儒教《じゅきょう》的・合理主義的歴史観から後期の神話《しんわ》的・非合理的歴史観へと、その思想的立場が大きく転回した。

幽谷は、一七九一（寛政三）年に著わした『正名論《せいめいろん》』のなかで、「日本は、皇祖天

▼徳川光圀　一六二八〜一七〇〇年。

▼藤田幽谷　一七七四〜一八二六年。

▼藤田東湖　一八〇八〜五五年。

▼会沢正志斎　一七八二〜一八六三年。

照大神が国を開いて以来、天地を父母とし、代々の天皇がその明徳を継いで天下をおさめてきた。君臣の名と上下の分が正しく厳しくなければならないのは、天地がかえられないのと同じ道理だが、その点わが国のように天皇の位をおかすものがなく、皇統が悠久に続いている国はほかにはない」(大意)と述べ、幕府は覇業《はぎょう》によって天皇の政《まつりごと》を託されているのだから、幕府が尊王の範を示せば君臣・上下の秩序が保たれ、天下はおさまるだろう、と説いている。

幽谷の目的は天皇を名分論《めいぶんろん》の頂点におくことで、弛緩しつつある幕藩制《ばくはんせい》の支配秩序を立てなおすことにあったが、論理的にはそれによってかえって幕藩権力の支配が相対化され、結果的には天皇の絶対化に道を開くものとなった。

その後、ロシア使節ラクスマンの来航、外国船の近海出没など、幕府の鎖国《さこく》政策をおびやかす事態が続くなかで、幽谷は、一七九七(寛政九)年『丁巳封事《ていしふうじ》』を書いて藩主に奉じた。これは内憂外患の危機を訴えたものだが、そこでは、『正名論』にみられるやや楽観的な情況認識は、すでに影を潜めている。

このような厳しい現状認識をさらに深化させ、天皇の宗教的権威の復活に活路を求めたのは会沢正志斎だった。彼は、幕府の異国船打払令《いこくせんうちはらいれい》▲のだされた一

●——藤田幽谷画像

▼**異国船打払令**　日本の沿海に近づく外国船に対し、無差別に砲撃を加えて排除することを定めた幕府の指令。無二念《むにねん》打払令ともいう。

●──会沢正志斎像と『新論』

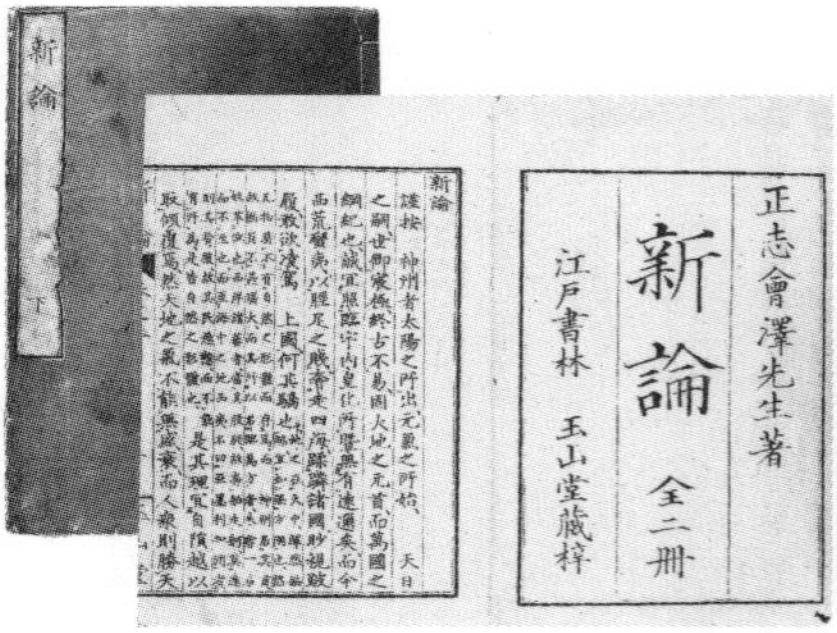

▼**国学の四大人** 国学の発展に寄与した荷田春満《かだのあずままろ》、賀茂真淵《かものまぶち》、本居宣長、平田篤胤の四人。

八二五（文政《ぶんせい》八）年、のちに尊王攘夷《そんのうじょうい》運動の聖典《せいてん》的役割を果たした『新論《しんろん》』を著わしている。このなかで会沢は、仏教の伝来以後、国体《こくたい》は外教《がいきょう》におかされ、近くは切支丹《キリシタン》や民間の邪教《じゃきょう》が人びとを誑《たぶら》かして「民心主なき」状態にあるといい、ひとたび民心がキリスト教に移れば、「戦わずして天下は外国の有に帰する」と述べている。そのうえで、民衆が現世の利益を求め鬼神を畏《おそ》れるのは無理からぬことだとし、だからこそ、天皇が祭祀をつかさどり、天地を経綸《けいりん》していた祭政一致の世に復古させれば、人びとはふたたび確固とした魂のよりどころをえて天下はおさまるのだ、というのが彼の描きだした処方箋であった。

その幻想的な古代社会観といい、禁教当初そのままのキリスト教＝邪教観といい、ぬきがたい愚民《ぐみん》観といい、政治思想としてはきわめて粗雑なものではあったが、まがりなりにも民心のあり方に着目し、そこから天皇の宗教的権威の復権を説く彼の熱い議論が、体制の変革をめざす一部の武士層に、新鮮な響きをもって迎えられたであろうことは想像にかたくない。

一方、近世中・後期の国学《こくがく》から発展した復古神道も、国家神道を準備する今一つの大きな思想的源泉となった。国学のいわゆる四大人《うし》▲と呼ばれる人たちのなかでも、とくに復古神道の形成をうながしたとみられるのは本居宣長《もとおりのりなが》▲である。

宣長の本領は、『古事記伝《こじきでん》』に代表される古典の綿密な注釈学《ちゅうしゃくがく》にあった。その際、儒教・仏教などの「漢意《からごころ》」を排して、記紀《きき》などの古典に描かれた神々や人びとの姿をそのまま「事実」としてとらえきろうとする学問的な態度は、おのずから「産霊《むすび》の神の御霊《みたま》により、伊邪那岐命《いざなぎのみこと》・伊邪那美命《いざなみのみこと》が始め、天照大神が受け保ち伝え給うた」(『直毘霊《なおびのみたま》』)とする神の道＝「古道《こどう》」をかぎりなく理想化するあらたな神道説に導かれていった。それが復古神道と呼ばれるゆえんである。

しかし、宣長の神道説は、あくまで古典研究と不可分のものであり、それを会沢のように政治的な目的に用いることはもちろん、教義として体系化する意図も、彼にはなかったとみられる。その点で、宣長の神道説に依拠しつつ、そこに独自の解釈を加え、復古神道を文字どおり一つの宗教としてまとめあげたのは、宣長の弟子をとなえる平田篤胤《ひらたあつたね》▲であった。

篤胤は、その著『霊能真柱《たまのみはしら》』の冒頭で、大要つぎのように述べている。「古学《こがく》を学ぶものは、第一に大和心《やまとごころ》を固めなければならない。そのためには、なにより も人の死後の霊の行方を知ることが肝要である。霊の行方を知るには、まず

▼本居宣長　一七三〇〜一八〇一年。

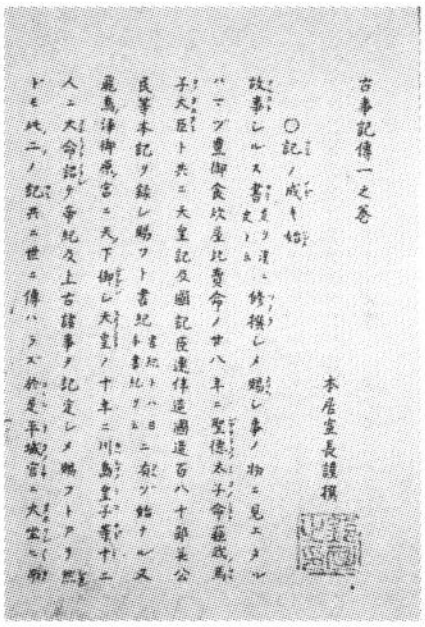

●——本居宣長画像と『古事記伝』

▼平田篤胤　一七七六〜一八四三年。

●──平田篤胤画像

天《あめ》・地《つち》・泉《よみ》の三つの世界のなりはじめを知り、それぞれの世界をつくった神々の功徳《くどく》をわきまえ、日本が万国の本《もと》の国であり、万事万物が万国をぬいて優れていること、天皇が万国の大君《たいくん》であることを熟知しなければならない」。

こうした趣旨にそって、世界の成り立ちを解き明かし、それらが天之御中《あめのみなか》主神《ぬしのかみ》をはじめとするわが国固有の産霊の神霊の働きによるものであることを詳しく論じたのが本書である。しかし、『霊能真柱』というタイトルからも知られるように、彼の主眼は、人の死後の霊魂の行方を明らかにすることであり、その点に、それまでのものとは異なる篤胤の復古神道説の特色があった。

彼によると、宣長は「死者の霊は夜見《よみ》の国に行く」といっているが、人の生まれるのは尊い産霊の御霊によるのだから、そんな醜く穢《きたな》いところへいくはずはなく、本当は大国主神《おおくにぬしのかみ》が支配する幽冥界《ゆうめいかい》＝「幽世《かくりよ》」にいくのだ、という。その「幽世」とは、「顕世《うつしよ》」の人びとにはみえないが、この国土のどこにでもあるもので、そのようすは現世と変わりはなく、とりわけ優れた霊は、そこから現世の君主や親や妻子を見守ってくれているのだ、とした。

篤胤は、その後『古史伝《こしでん》』を書いて、この説をさらに発展させ、幽冥界では大国主神が、死者の生前の行為の善悪に対して審判をくだすものとし、その意味で「幽世」こそは人間にとっての「本世《もとつよ》」であると説いた。また、そこでは、天之御中主神を天地の創造神、主宰神として際立たせているが、それも従来の国学・神道説にはみられなかったものである。

こうした彼の他界観や神観については、早くからキリスト教の影響が指摘されているが、本来ならば漢意として斥けるべきものを取り入れてでも「霊の行方」の問題に決着をつけることが、彼にとっては焦眉の課題だったのであろう。そのかぎりで、彼の描きだした壮大な国体論が、やがて救済論の文脈を離れて国家神道イデオロギーのなかで一人歩きを始めたのは、必ずしも彼の本意ではなかったかもしれない。しかし、それも、神話的な世界を歴史的な事実とみなす論理構造自体がもたらした必然的な結果だったというべきであろう。

なお、最近の研究では、篤胤の幽冥観に、彼の民俗信仰への関心がみられるとする指摘が少なくないが、その民俗信仰の研究に生涯をささげた柳田国男《やなぎたくにお》▲は、復古的な神道説と民俗学のそれとの違いを論じて、つぎのように述べている。

「既に根本の信仰を事実として認めたからには、其以上は問ふな疑ふなとい

▼柳田国男　一八七五〜一九六二年。

●──柳田国男

う風な議論が、これまでの歴史を暗くしてきた」、「僅かしか無い国の大社の事蹟に神道史の研究が片よると、この国民の大多数の信仰生活の現状が省みられない懸念は深くなる」、「信仰は警察の取締りによって善導しうるものでは無く、先ず民衆の心の底に潜むものを明らかにする学問を必要とする」(以上『神道と民俗学』)。

「平田の神道は、外国の分子を排除するだけでなく、進んで此方から侵略的態度に出で、外国の神も大己貴《おおなむち》、少彦名《すくなひこな》▲であるとか言って空なる統一論者に悦ばれたが、……是も江戸時代の神道説に対する第二の反動に過ぎない」、「此派の神道の社会上の功績を挙げる時には、同時に又学術上の罪過をも問わなければならない」、「国民の生活に同情の無いやうな学問、目前の事実を軽んずるやうな学問、仮定と神代巻ばかりに基いた神道には賛成することは出来ませぬ」(以上『神道私見』)。

ちなみに、これらの言説は、いずれも国家神道が猛威をふるっていた時代のものである。今日、水戸学や復古神道の研究は深まったとはいえ、筆者は柳田以上に核心を突いた批判に、いまだ接したことがないように思う。

▼**大己貴、少彦名**　大己貴も少彦名も『古事記』や『日本書紀』に登場する神々。大己貴神は大国主神の別名。少彦名神は大国主神の統治に協力したのち、常世の国に渡ったとされているが、平田篤胤は『霊能真柱』のなかで「常世の国とは外国のことであり、大国主神も国を譲ったあと常世の国にいき、少彦名神とともに外国の経営にあたった。諸外国が日本と交わろうとするのは、この二柱の神がそのように仕向けたからである。とくに外国で医の道がさかんなのも、二柱の神の力による」という荒唐無稽で尊大な日本中心主義を説いている。柳田が批判しているのもその点である。

むろん、復古神道の「救済論」がいかに荒唐無稽《こうとうむけい》なものであれ、民衆宗教と同じく「自由」な競争にさらされていた幕末までのあいだは、それも国民の選択肢の一つであったことを認めなければならない。しかし、明治維新をへて、国家がその崇敬を国民に強制し始めたときから、事情は一変する。

国家神道の確立

一八六七(慶応《けいおう》三)年十月、十五代将軍慶喜《よしのぶ》が大政《たいせい》を奉還し、同年十二月、「王《おう》政復古《せいふっこ》」の号令が発せられるとともに、近代天皇制国家は、その歩みを始めた。この号令には「神武創業《じんむそうぎょう》」を新政の範とする立場が表明されているが、これは復古神道系の国学者玉松操《たままつみさお》▲の献策によるものという。その後、神祇関係の官衙が整備されていくなかで、福羽美静《ふくばびせい》▲・大国隆正《おおくにたかまさ》▲・平田鉄胤《ひらたかねたね》▲・矢野玄道《やのはるみち》▲ら復古神道系の神道家たちが要職を占め、当初の宗教行政に大きな影響をあたえていった。いよいよ彼らの出番が到来したのである。次ページの表は、維新当初の宗教政策の展開過程をたどったものだが、それらの多くは彼らの主張を反映したものと思われる。この表からもうかがわれるように、祭政一致、神祇官の再興を柱

▼**玉松操**　一八一〇～七二年。

▼**福羽美静**　一八三一～一九〇一年。

▼**大国隆正**　一七九二～一八七一年。

▼**平田鉄胤**　一七九九～一八八〇年。

▼**矢野玄道**　一八二三～八七年。

●──「三条の教則」の説教風景（仮《か》名垣《ながき》魯《ろ》文《ぶん》『三則教《さんそくきょう》の捷径《しょうけい》』）

●──維新初期における宗教政策の展開過程

年　月	出　来　事
1868（慶応４）年１月	維新政府，３職７科からなる中央政府の官制を定め，７科の筆頭に神祇事務課をおく。
３月	古代天皇制の「祭政一致」の制に復し，「神祇官」を再興，全国の神社と神職をその管轄下におく旨を布告。 天地の神々の前で新政の方針を誓う（五箇条の誓文）。 国民に５枚の太政官高札（五榜の掲示）を示し，そのなかで改めて切支丹・邪宗門の禁止をうたう。 神仏分離令を布告し，伝統的な神仏習合の清算をはかる（これを機に各地で廃仏毀釈の運動起こる）。
４月	政体書によって太政官官制公布。８局のなかに神祇官を設置。翌年７月，職員令により太政官制改正。大宝令にならって神祇官を太政官の上に特立させ，諸官衙の最高位におく。
５月	京都東山に招魂社を新設，ペリー来航以後の国事に斃れた人びとの霊をまつることを定める（靖国神社の起源）。
1869（明治２）年９月	神道布教のための宣教使を設け，神祇官に所属させる。
1870（　３）年１月	天皇「大教宣布」の詔を発し，宣教使に惟神の大道の布教を命じた趣旨を体するよう国民に求める。
1871（　４）年５月	神社は国家の宗祀であるとして神職の世襲を廃し，国家が「精選補任」することとなる。 神社の社格を定め，官社（官幣社・国幣社），府県社，郷社，村社および無格社の５段階に分ける。これにより神社の統一的・一元的支配が確立する。
７月	「大小神社氏子取調ノ件」布告。江戸時代の寺請制にならって国民に神社の守り札の所持を義務づけ，戸長とともに神職が戸籍の管理を分けもつこととなる。１年10カ月で中止。

とする初期の諸施策は、明らかに神道の国教化を企図したものであった。

しかし、その国教化政策が「氏子調べ」で頂点に達したかにみえた一八七一(明治四)年八月、神祇官は突如、太政官管轄の神祇省に格下げとなり、これを機に政府の宗教政策は、早くも大きな転換を見せ始める。その背景には、神仏《しんぶつ》分離《ぶんり》で打撃を受けた仏教側からの巻き返しや、政府部内の対立、神祇官内部の確執などが考えられるが、一番の要因は、「万国対峙《ばんこくたいじ》」のもと、近代化を急ぎ、条約改正の早期実現をめざす政府首脳にとって、神祇官の推進する性急で排他的な国教主義は、いまや状況を不利に導くものと判断されたからにちがいない。

翌一八七二(明治五)年三月には、その神祇省も廃止され、あらたに教部省《きょうぶ》が設置される。大教宣布の趣旨に則って、神道のみならず仏教その他の諸宗教も巻き込んだ大々的な国民教化がその目的だった。この役割を担うものとして、教導職(十四級)が設けられ、教化の指針として「三条の教則」が交付された。また、教化を推進する機関として大教院《だいきょういん》・中教院・小教院がおかれた。こうして、神仏教導職の合同布教という史上まれにみる光景がここに出現したのである。

しかし、「三条の教則」からも察せられるように、課せられた教化の内容は神

▼**条約改正**　一八五八(安政《あんせい》五)年に幕府が諸外国と締結した不平等な修好通商条約の改正。明治政府の当初からの重要課題の一つだったが、一八九四(明治二十七)年にイギリスと改正新条約を結ぶまで多くの歳月を要した。

▼**国教主義**　国家が国民の信奉すべき宗教を特定し、その宗教を管理・保護する考え方。

▼**教導職**　教部省におかれた教化政策の担当者。神官や僧侶が任命された。一八八四(明治十七)年に廃止。

▼**「三条の教則」**　「敬神愛国ノ旨ヲ体スヘキ事」「天理人道ヲ明ニスヘキ事」「皇上ヲ奉戴シ朝旨ヲ遵守セシムヘキ事」の三条。

▼**大教院・中教院・小教院**　大教院は東京に、中教院は府県庁所在地に、小教院はその他の地区におかれた。

▶ 切支丹禁制高札 一八六八年
（慶応四年三月）政府の掲げた切支丹・邪宗門などの禁止の高札。五榜の掲示の第五札に立てられたが、五年二月二十四日にとりはらわれた。

▶ 島地黙雷 一八三八〜一九一一

▶ 森有礼 一八四七〜一八八九

これがのちの大教院の額となった。もとは芝二本榎上行寺（現代々田区）にあった寺を増上寺塔頭千代ヶ田区（現港区）に移し、初めは大教院

現人神の浮上

まず撤去されるだろうとする建白書をロンドンから提出したのがあったが、政府はこれをしりぞけ、かえって森有礼を絶縁するにいたった。しかし、一八七三（明治六）年秋には、同年二月に浦上キリシタンへの迫害が鳴り物入りで真宗各派が浄土宗に信徒が神仏合同布教に展開されたので、神仏各宗派の管長をして「信教の自由」という立場にたつ信徒を改めさせるということは、早晩「信教の自由」の問題が「信教の自由」のときに実現された政府内部の抗争だったといえるだろう。そのとき位置づけるこの問題におかざるをえなかった。しかし、明治一八年四月、政府は太政官達をもって、仏教側が信徒にたいして一般熱知名な、真宗各派の政府の宗教政策を批判した本願寺派の僧侶の島地黙雷が不満におちいり、仏教側の自由信教運動に乗りだしたこともあって、仏教側は早くから「信教の自由」運動の一環として、大教院を批判しはじめた国民教化運動乗りだした政府にとっては大打撃で「三条の教則」にしたがって政府は教導職の教則は当時は反対

「国家の宗祀」であるという立場の改めないかぎり、「信教の自由」は越えていけないとまでして切支丹の自由を課題として実現だれもがこの内部の問題となる。そのなかで切支丹禁止の高札が撤去されたのは（明治八年四月）の機を解散するにいたった。政府は、かえって神仏合同布教を差し止めた。一八（明治五）

まず、一八七五年三月、大教院の解散が必至となるなか、神官教導職は神道の結集をはかり、その中央組織として神道事務局を設立したが、八〇（明治十三）年、同局の神殿造営に際し、奉斎すべき祭神をめぐって激しい論争が起こった。初めは大教院の神殿同様造化三神と天照大神が考えられていたが、出雲大社宮司千家尊福が、これに幽冥界を主宰する大国主神を加えることを強く要求し、伊勢神宮宮司の田中頼庸がそれを激しく拒んだためである。

結論からいうと、この論争は、出雲派の主張を退ける明治天皇の勅裁によってケリがつけられ、宗教色の濃厚な復古神道教義は後退を余儀なくされた。しかし、神社の宗教的性格が否定されない以上、「信教の自由」とのあいだにはらむ矛盾はいよいよ無視しえないものとなる。これに対して政府部内では、神社神道を国家の祭祀とし、一般の宗教から分離することで、その地位を保障しようとする考え方が支配的となり、神道界や仏教界（とくに浄土真宗）からも「神社非宗教」化の要求が高まって、政府はいよいようこの方針の実施に踏み切った。

一八八二（明治十五）年には、まず、神官の教導職兼補が廃止され、神官は葬儀に関与しないことが原則となった。さらに同年には、一八七六（明治九）年の

▶造化三神
『古事記』冒頭の「天地初めて開闢れし時、高天原に成れる神の名は、天之御中主神・高御産霊神・神産巣日神の三柱の神。この三柱の神は、みな独神と成りまして、身を隠したまひき」とある天之御中主神・高御産霊神・神産巣日神の三神。

▶千家尊福　一八四五〜一九一八年。

▶田中頼庸　一八三六〜九七年。

●――大日本帝国憲法の発布式
(「憲法発布式之図」)

神道黒住《くろずみ》派・同修成《しゅうせい》派に続き、同神宮《じんぐう》・大社《たいしゃ》・扶桑《ふそう》・実行《じっこう》・大成《たいせい》・神習《しんしゅう》の各派の別派独立が公認され、これらは神社神道と区別される「宗教の神道」として扱われることになった。また、一八八六(明治十九)年には、神官教導職廃止後、神社に所属せず神道事務局に残留していた勢力が、あらたに神道本局を設置した。これらは、のちに公認された御嶽《おんたけ》派・神理《しんり》教会・禊《みそぎ》派・金光教《こんこうきょう》・天理教《てんりきょう》とあわせて「教派《きょうは》神道」と総称される。

教派神道の各派は、それぞれ成立事情を異にし、教義的にも独自性を保持していたが、公認と引きかえに国体《こくたい》の教義を受け容れ、建て前上祭祀に限定された国家神道の宗教的機能を代位するものとなっていった。そして一八八四(明治十七)年、それまでの神仏教導職が全廃され、ここに宗教と祭祀の分離が一応の完成をみることとなる。

安丸良夫は、このようにして始まった宗教の自由競争が、国家のイデオロギー的要請を内面化し、その有効性を競いあう意味での「自由」だったことを指摘し、それを「日本型の政教分離」と呼んで、さらにつぎのように述べている。

「(神道非宗教説に立つ国家神道は)神社祭祀へまで退くことで国教主義を継承しな

がらも、神道国教化政策の失敗と国体神学の独善性にこりて、宗教的な意味での教説化の責任から免れようとした。それは実際には宗教として機能しながら、近代国家の制度上のタテマエとしては、儀礼や習俗だと強弁されることになった」（『神々の明治維新』）。

安丸の指摘は、国家神道の批判的な検討には欠かすことのできないものだが、「宗教か祭祀か」という議論には、いずれの側にも反論の余地が残されている。その点でより根本的なのは、よしんばそれが祭祀であったとしても、だから国営化すべきだということになるのかどうか、その点での国民的な合意があったといえるのかどうか、という問題であろう。そうした観点からの検討は、いまだ十分になされているとはいえない。

それはさておき、一八八九（明治二十二）年には大日本帝国憲法《だいにほんていこくけんぽう》▲が発布された。その第三条には「天皇ハ神聖《しんせい》ニシテ侵《おか》スヘカラス」とあるが、この規定は、天皇の「現人神《あらひとがみ》」としての権威を、法的にも確認したものといえる。また、その第二十八条では「安寧秩序ヲ妨ケス及臣民《しんみん》タルノ義務ニ背カサル限リニ於テ」という条件付きで「信教ノ自由」が保障されたが、実際には公認制度を梃子としてさま

▼**大日本帝国憲法**　一八八九（明治二十二）年二月十一日に発布された欽定《きんてい》（天皇の命によって選定された）憲法。七章七六条からなり、天皇の大権、臣民の権利・義務、帝国議会の組織、輔弼《ほひつ》（天皇に進言しその責任をおう）機関、司法機関、会計などについて規定したもの。第二次世界大戦後あらたな「日本国憲法」の制定により失効。

ざまな制約が加えられ、諸宗教はその自由な発展を著しく阻害された。

さらに、翌一八九〇(明治二十三)年には「教育勅語《ちょくご》」▲が渙発され、「臣民ノ遵守スヘキ」道徳が明らかにされた。内容的には「忠良」な臣民の育成を主眼としたものだが、それを普遍的なものとし、その「淵源《えんげん》」を「国体ノ精華《せいか》」に求めることによって国体のイデオロギーを強化し、ひいては、神社神道のみには期待しえない「国家神道」の、いわば「聖典《せいてん》」としての役割をもつことに、政府当局者の狙いがあったものと思われる。

こうして、国家神道は、一応その体裁を整えたわけだが、神社関係者のあいだには、なお不満がわだかまっていた。神祇官再興や神社を国家の宗祀《しゅうし》とした明治初年の方針に照らして、現実の神社政策は著しく後退し、内実のともなわないものとみなされていたからである。とりわけ一八八七(明治二十)年、官国《かんこく》幣社《へいしゃ》の経費や営繕費を官費でまかなってきたそれまでの制度を廃し、あらたに一五年間補助金をあたえて、その間に各神社の自立をうながす「官国幣社保存金制度」が実施されると、神社界の危機意識がさらに深まり、神職らの大同団《だいどうだん》結《けつ》の動きが活発化した。

▼**教育勅語**　明治天皇の名で国民道徳、国民教育の基本理念を明らかにした勅語。道徳、教育の淵源を皇祖・皇宗の遺訓に求めた。

●——**教育勅語の奉読**(国民学校二年用教科書『ヨイコドモ』下)

そうした状況のもとで、一八九〇年には東京で全国神官大会議▲が開催され、以後「国家ノ宗祀タル神社ノ名実」と「神祇官再興」を求める運動が強力に展開される(やがてこの運動は一八九八〈明治三十一〉年に結成された全国神職会に引き継がれていく)。その結果、政府も徐々に神社制度の整備の必要性を認め、一九〇〇(明治三十三)年には内務省官制を改正し、それまでの社寺局を廃して神社・宗教の二局を設置した。これは祭祀と宗教の分離を官制上で明らかにしたものであり、国家神道体制は、このときをもってほぼ完成の域に達したとみられる。

また、神職らの求める「国家の宗祀たる神社の名実」とは、ありていにいえば神社経営費の国家支出、具体的には官国幣社経費の復旧、府県社への公費供進の実現にほかならなかったが、これも、一九〇六(明治三十九)年の法律や勅令《ちょくれい》によってほぼその要求が満たされることになった。神社は「国家の宗祀」であるとされる以上、公務員に準ずるものとなり、宗教活動による収入の道が閉ざされた神職らの要求は、ある意味では正当なものだったといえるかもしれない。

しかし、問題は、このような「国家の宗祀」観が、それまで個々の共同体で神社を管理し、自治的な組織で祭祀を営んできた多くの国民の共有できるもので

▼**全国神官大会議**　神職の全国的大同団結をめざし東京で開催された。この会議で「神官同盟」を結成し、神社の名実を明らかにすること、神祇に関する独立官衙の設立をはかることなどを決定。

あったか否かということであろう。端的にいえば、個々の神社と皇祖《こうそ》・皇宗《こうそう》や国家を結びつけるような信仰が、果たして国民のものであったかどうか、ということである。その点で、国家も神職たちも、国民の意識のあり方に分けいって、みずからの正当性の根拠をたずねようとする意識は、初めから欠落していたといってよい。つぎに述べる神社合祀の悲劇において、私たちはそのことをはっきりと知らされることになる。

神社統合の波紋

一九〇六(明治三十九)年、政府は一連の勅令や通牒《つうちょう》によって、一町村に一社を目標とする大々的な神社整理に着手した。これは、日露《にちろ》戦争によって悪化した地方財政の建直しと、国体観念による民心の統合を柱とする戦後経営＝地方改良運動の一環として展開されたものだが、その結果は、国家神道を安定的に確立するうえでも、重要な画期をなすものとなった。日露戦争時、神社は戦勝祈願・武運長久祈願の場としてあらたな意義をあたえられ、人びとの意識を国家に結びつけていく役割の一端を担うものとなっていった。神社統合はそうし

▼**勅令・通牒**　勅令第二二〇号「神社寺院仏堂合併跡地の譲与に関する件」、神社宗教両局長通牒社甲第一六号「社寺合併並跡地譲与に関する件」など。

▼**地方改良運動**　日露戦争後に日本が帝国主義列強に伍していくための国力増進策の一環として、町村財政と生活習俗の改良をめざして展開された国家官僚主導の運動。

た状況を背景に断行された。同年に布達された神社・宗教両局長の通牒では、その趣旨について大要つぎのように述べている。

「府県社以下の神社総数一九万三千余のなかで由緒のない小規模の村社・無格社は一八万九千余に達し、そのなかには神社の体裁が備わらず、神職もいなくて崇敬の実のあがらないものが少なくない。……したがって、(この措置は)こうした神社・寺院の設備を完備すると同時に、資産をふやし、維持に困難のないようにし、社寺の尊厳をはかろうとするためのものである」。

これは一見もっとものようにも聞こえるが、体裁が備わっていなくても、神職がいなくても、人びとにとってはなくてはならない社祠《しゃし》が実際には少なくなかったのである。しかし、そうした小社・小祠への信仰を淫祠《いんし》邪教《じゃきょう》の類とみなし、神社への信仰を国家神道のそれに純化・統合していくことがこの政策のより大きな目的であったことは疑いない。

これに対して、国民のあいだからは当然大きな批判が巻き起こった。なかでも「地球志向の比較学」と呼ばれる独自の学風を切り拓いた民間学者南方熊楠《みなかたくまぐす》▲は、献身的な合祀反対運動を展開し、多くの人びとの共感を呼んだ。彼は一九一二

▼南方熊楠　一八六七〜一九四一年。

●―南方熊楠

(明治四十五)年の雑誌『日本及《およ》び日本人』に連載した「神社合併反対意見」のなかで、合祀の実態につき概略つぎのように述べている。

「神社のうち村社は五〇〇円以上、無格社は二〇〇円以上の基本財産の積立てが求められたが、功績をあげることに熱心な地方官吏らは、より多くの神社を潰《つぶ》すことを美挙と心得、地勢や由緒や民情を無視して、五〇〇円を一〇〇〇円、二〇〇〇円とせりあげ、合併を強行した。五万の神職は、私利のみ打算して親方（＝神社）の潰れるのを平然歓喜するなかで、三重県では五五四七社を減らして約七分の一の九四二社に、和歌山県では三七〇〇社が約六分の一の六〇〇社にまで激減した」。

このように述べたあと、彼は、合祀の結果、神社が参拝もままならぬ遠隔地に移されたため、人びとの神社への「崇敬の実」はあがるどころか、かえって奪われつつあること、合祀による旧社地の森林の伐採によって自然環境が破壊▲され、生態系への影響が憂慮されることなどを七点にわたって批判している。

しかし、政府の強硬措置の前に反対運動はしだいに沈静化し、合祀の始まった一九〇六年に約一九万あった全国の神社は、一九(大正八)年までの一三年間

▼**自然環境の破壊**　南方のこの批判は、のちに日本におけるエコロジーの運動に先鞭をつけたものとして注目されることになる。

▼**ファシズム**　狭義ではイタリアのファシスト党の運動や政治理念、その体制をさすが、広義には、それと共通する性格をもつ傾向、運動、支配体制を意味する。全体主義的で議会政治の否定、一党独裁、市民的・政治的自由の極度の抑圧、対外的侵略主義などをその特徴とする。

に七万四千社余りが整理され、約一一万六千社を数えるのみとなる。これには、南方も指摘しているように、氏子らの気持ちを代弁すべき肝心の神職らが拱手《きょうしゅ》傍観《ぼうかん》していたことが大きい。その結果は、近代化の波に洗われてようやく衰退の兆しを見せ始めていた民間信仰や人びとの神社によせる信仰に決定的な打撃をあたえ、政府や神職らの思惑にかかわらず、神社と人びととの関係を取り返しのつかないまでに変質させていく契機となった。

その後国家神道は、ファシズムの進行とともに、宗教や思想弾圧の梃子として猛威をふるう一方、日本のアジアへの侵略にともなってみずからも拡大膨張をとげ、植民地《しょくみんち》や占領地における創建神社として君臨することになる。そして、皇紀《こうき》二千六百年記念の式典が盛大に挙行された一九四〇(昭和十五)年には、宗教団体への統制を強化する宗教団体法が成立し、懸案だった神祇に関する独立官衙の「神祇院」が設置され、国家神道はその絶頂期を迎えるが、わずか五年後の敗戦で、その歴史は終焉を迎えることになった。

ここでふたたび、民衆宗教のその後についてみていくことにするが、そこでも私たちは、国家神道のなまなましい爪あとをみることになるであろう。

▼皇紀二千六百年記念式典　一八七二(明治五)年神武《じんむ》天皇即位の年を西暦紀元前六六〇年と定め、これを皇紀元年としたが、その二六〇〇年目にあたるとする一九四〇(昭和十五)年十一月十日、全国各地で盛大な式典と祝賀行事が行われた。神武天皇の実在を含め、歴史的にはまったく根拠のないものである。

●──紀元二千六百年奉祝の式典でうたわれた奉祝国民歌の表紙
「金鵄輝く日本の栄ある光身に受けていまこそ祝えこの朝《あした》……」とうたわれた。

③——教派神道への階梯——別派独立の意味

講・出社・直信

歴史に「もし……だったら」という仮定を持ち込むことは、タブーとされている。しかし、もし国家神道《こっかしんとう》の強制がなく、教派《きょうは》神道の足枷《あしかせ》もなく、国家による宗教の「公認」制度がなかったら、民衆宗教はどのように発展していただろうか、というのは、私たちにとって、興味深い問いである。なぜなら、民衆宗教の豊かな可能性は、教祖の「教え」にとどまらず、それを現実化していく初期の「組織」原理のなかにも十分にみいだすことができるからである。ここではとくに天理教《てんりきょう》と金光教《こんこうきょう》のケースについてみていくことにしよう。

天理教教祖中山みきは、一八六七(慶応《けいおう》三)年に書かれた『みかぐらうた』のなかで、「どうでもしんじん《(信心)》するならバ、かう《(講)》をむすぼやないかいな」とうたっている。この講《こう》とは、伊勢《いせ》講▲のような代参《だいさん》講的なものをさしているのであろう。代参講は本来地縁《ちえん》的なものだが、幕末のころにはかなり任意的・自発的なものもあらわれ始めていたようである。その意味で、みきが講の結成をうながして

▼**伊勢講**　伊勢神宮を信仰する人びとの講組織。室町初期から各地で成立しはじめるが、江戸時代に伊勢神宮の下級神職「御師《おし》」たちの布教活動で全国的な普及をみる。一定の日に集まって飲食をともにするほか、交代または全員で伊勢参宮にでかけた。

いるのは、それぞれの信心《しんじん》をきたえ、みきの教えが浸透していく場として、それがもっともふさわしいものと考えていたからにちがいない。

事実、一八六七年当時の願人と願い事を記した『御神名記帳《ごしんめいきちょう》』には、「矢部村講中」「七条村講中」などの名が散見される。幕末から明治初年にかけての天理教の講には、このように村の名を付したものが多いが、これらはなにかのきっかけで教祖の信心のおかげをいただいた者が、それぞれの村のなかで代参講的なものを営み始めたものであろう。そのかぎりで当初の講は、講元が輪番《りんばん》で世話をする近世的な性格をまだ残していたものと想像される。

しかし、一八七五(明治八)年ころから、教勢が京阪神方面に広がりをみせるとともに、「神楽《かぐら》講」「神明《しんめい》講」など村名とは関係のない名称を付したものが多くあらわれ、講同士が連合して大きな講組織▲に編成替えしていくものも登場してくる。つまり、このことは、講が共同体に密着したものから、しだいにそれを超えたものに成長し、その世話役も、それまでの輪番頭屋制《とうやせい》▲から、布教に熱心な指導者のそれに固定化していったことを示唆している。

こうした布教者たちは、自分の講だけでなく、遠隔地への布教にも力をつく

▼**大きな講組織**　それらはしばしば○○組、○○社、○○会とも呼ばれた。

▼**輪番頭屋制**　頭屋の本来の意味は、村の祭礼の神事宿、またはその家の主人のことで、その役割を限られた世話人のなかで、または全員で順に担当する制度を輪番頭屋制という。

したため、講がつぎつぎにあらたな講を生むという急激な発展をもたらした。後述のように、一八八八(明治二十一)年、天理教は神道直轄天理教会となって、規約上「分教会」「支教会」などの制度を確立するが、その土台となったのが、この講集団である。そして、さらに興味深いのは、明治の末まで、こうした講集団が、教会の下部組織のような形で増え続けたとみられることである。天理教は、やがて、神道本局傘下の直轄教会となり、教派神道としての独立を果たすことで教義上大きな犠牲を払うが、筆者の推測では、これらの講集団は陰の組織としてその犠牲を償う役割をも担っていたのではないかと考える。

一方、金光教でも、開教当初の段階では、講集団の形成が教勢の拡大に少なからず寄与していたことがうかがわれる。教祖金光大神《こんこうだいじん》が一八六〇(万延《まんえん》元)年から六五(慶応元)年まで大谷《おおたに》(岡山県浅口《あさくち》市)の広前《ひろまえ》に訪れた参拝者について記録した「願主歳書覚帳《ねがいぬしとしがきおぼえちょう》」には、すでに「園井村講参り」「久代村講連中」などの記載がある。さらに、一八六九(明治二)年から八〇(同十三)年にいたる参拝者の記録「広前歳書帳」によると、年代が進むとともに講の存在する地域も拡大し、その数は八〇カ所以上におよんでいる。

●――安政七年「願主歳書覚帳」

ここでも輪番頭屋制の習俗を残しているものと、固定した指導者が活発な布教活動で規模を広げていくものとの二類型がみられるが、金光教の場合、前者はしだいに姿を消し、後者はのちに教会として発展していったもののようである。しかし、山陰地方には今日でもなお講集団を維持しているものがいくつかあるという。金光教の近代は、そうした要素も含んでのものだったのである。

その後、この講集団にかわって金光教の発展を担ったのは、教祖の直弟子《じきでし》たちであった。今日の教団を支えている各地の有力教会も、初期の弟子たちによって切り開かれたものが多い。その場合、明治初年までの直弟子たちに対して教祖はしばしば神号《しんごう》をあたえ、神の「出社《でやしろ》」と呼んでいた。しかし、一八七〇(明治三)年に藩庁から「出社神号差止《さしとめ》」の沙汰《さた》があり、翌年には教祖の「神勤《しんきん》」が禁止▲されたことなどから、教祖は七三(同六)年にこの呼称を廃止している。

もちろんその後もあらたな弟子たちは増え続けているが、そのなかで、のちの教団形成などに貢献した有力な指導者を、今日の教団では「直信《じきしん》」と呼んで、それまでの「出社」と区別している。その理由については明らかにされていないが、両者のあいだにはたしかに区別されるべき相当の理由があったと思われる。

▼**神勤の禁止**　一八七一(明治四)年に神職を一度解任して精選補任することを定めた「神官職員規則」が定められるが、教祖の神勤の禁止は、この措置による。

●——斎藤重右衛門

▼斎藤重右衛門　一八二三～九五年。

▼笠岡出社　文献にみるかぎりこれが「出社」号の最初の例である。

そこでまず出社の性格についてだが、金光教では、出社とは「金光大神広前を大本社と称したのに対して、弟子達の広前、また、その広前の取次者」のことだとされている。しかし、ここで重要なのは、その出社たちが神から神号をいただいた「生き神」として、教祖と同じように取次の業を付託され、それが彼らの自発的・自律的な布教を保障し、そのことが初期の教勢の伸びやかな発展を支えるエネルギーとなっていた、と考えられることである。

たとえば、備中国《びっちゅうのくに》小田《おだ》郡笠岡《かさおか》村（岡山県笠岡市）の斎藤重右衛門《じゅうえもん》のケースは、そうした出社の性格を典型的に示している。彼は、その赫々《かっかく》たる布教の成果によって、教祖から厚い信頼を受け、のちに教祖と同じ「金光大神」の神号が許された人物である。彼が信者への取次を始めたのは一八六九年だが、教祖は、彼のこうした布教の活動体を「笠岡出社」と呼んだ。

彼も教祖と同様、「祈念帳《きねんちょう》」と題する参拝者の記録を残しているが、それによると、一八六八（明治元）年に笠岡出社を訪れた参拝者は一万三八〇六人と、教祖の四三一人をはるかに上回っている。そのような成果は、まさに、彼が、教祖の弟子でありながら、神のもとでは、教祖と同じ役割を担う者として、その個性にあった自律的な布教の仕方が許されていたからにちがいない。

たとえば彼は、病気治しの祈念の際、時に応じて、「お取りさばき」や、「ゲップのお取払い」と呼ばれる代受苦《だいじゅく》的な呪術《じゅじゅつ》をほどこしていたらしいが、教祖はひとを惑わすものとしてそれをたしなめたという。これは、他の出社たちにもしばしばみられる点だが、事の当否を別にすれば、そうした信念を発揮するだけの自律性▲を彼らが保持していたことを示している。しかも、重右衛門は、教祖にならって自分も篤信の信者たちに神号や「一之弟子」などの称号をあたえていたことが「祈念帳」によって知られる。つまり、出社がまた出社を生んでいくというこの鼠算《ねずみざん》的な方式が、初期の金光教の発展をうながしていたのである。

そして、今一度最初の問い、つまり「もし、国家による宗教の公認制度がなく、それぞれの自由な布教形態が許されていたら」という問題に立ち返ると、金光教はたとえば「出社連合」、天理教はたとえば「講連合」ともいうべき独自の教団形成に向かっていたのではないか、というのが筆者の推測である。しかし、たとえその結果が、今日の教団と同じような「近代的」教会組織になっていたとしても、それぞれの教会の自律的な活力だけは失われることはなく、それ

▼**出社の自律性**　逆にいうなら教祖が信心の要のところを押さえていれば、彼らを信頼し、固定した教条で彼らの活動を縛ろうとはしなかったからだ、ともいえる。

によってかえって教祖の信心にふれた布教師たちのなまなましい記憶が、繰り返し継承されていくことを可能にしたのではなかろうか。そのことを念頭におきながら、実際の教団がたどった道をさらに跡づけてみよう。

金光教では、教祖が出社神号を廃止してからも、先述のように、「直信」と呼ばれるあらたな指導者たちが登場する。なかでも金光教の教派神道としての別派独立と教団の「近代化」に大きな貢献を果たした佐藤範雄《のりお》▲・近藤藤守《こんどうふじもり》▲・二代白《しら》神新一郎《かみしんいちろう》▲の三人は、「三直信」と呼ばれて、その功績がたたえられてきた。

このうち、教団の別派独立にもっとも大きな足跡を残し、その後も教派神道を代表する指導者の一人として目覚しい活躍ぶりを示したのは、佐藤だった。彼は、広島県の貧農の家に生まれ、大工職人となり、一九歳のときに金光教に入信している。やがて教祖の信頼をえて、取次に従事するようになり、同時に「神様の学問」の必要性を痛感して神職黒坂昌芳《くろさかまさよし》▲の門にはいり、神道の古典を学び始めた。ここで身につけた彼の国学《こくがく》・神道の素養が、金光教の別派独立、ひいては教派神道としての安定的な地位の確立に寄与することになる。

もっとも、布教を始めたころの彼は、重右衛門らと同様の「お持替《もてかえ》」と呼ばれ

▼佐藤範雄　一八五六〜一九四二年。

▼近藤藤守　一八五五〜一九一七年。

▼二代白神新一郎　一八四七〜一九一〇年。

▼黒坂昌芳　一八一六〜一九〇四年。備中《びっちゅう》水田《みずた》郡（岡山県）の生まれ。大国隆正《おおくにたかまさ》に入門、のち神社の祠掌《しじょう》となり、教導職もつとめる。

●——佐藤範雄

●——近藤藤守

●——二代白神新一郎

▼高橋富枝　一八二八〜一九二一年。

る代受苦的な祈禱《きとう》を行っていたというから、その性格は出社的なものであったと思われる。ところが、一八七九(明治十二)年、佐藤は、最古参の出社の一人高橋富枝《とみえ》▲から、教祖の広前の用務につくことを委託された。これは、教祖の広前が出社連合のセンター的な機能を増していくに従い、そうした専従者の必要性が認識され始めたからにちがいない。それがはからずも、彼の視野を教団全体のあり方にまで押し広げ、ひいては、教団内に、教団全体の運営にかかわるあらたな指導者＝直信を生み出していく一つの契機となるのである。

一方、二代白神や近藤は、ともに初期の大阪布教で大きな成果をあげ、金光教をローカルな宗教から全国的なものに発展させていくうえで重要な働きをした人たちである。彼らも、布教を始めた当初は、それまでの出社たちととくに異なる資質や見解をもっていたわけではない。しかし、維新《いしん》前後から急速に近代化しつつあった大阪という大都市での布教があらたな経験となり、彼らも教団組織の近代化と布教の公認＝別派独立の必要性を痛感するようになる。

その経験とは、一つは、黒住《くろずみ》教や天理教などのあらたな宗教講社が「自由な市場」を求めて京阪神地区に進出し、熾烈な信者獲得競争が展開されるなかで、それまで出社たちの任意性に委ねられてきた布教方法に、彼らが限界を感じ始めたことである。当時は、その出社から派生した出社が乱立して、勢力の拡張を競いあい、それがもとでの確執が彼らの結束をあやうくしていたからである。

今一つの経験は、官憲による布教への厳しい抑圧である。ここではその詳細には触れないが、白神も近藤も、幾度となく官憲からの抑圧を受けている。天理教では一八八五年、大阪府知事に「天理教会結収御願▲」を提出し、即座に却下されているが、あらたな宗教のいわば草刈場と化した大阪では、それらを「淫《いん》祠邪教《しじゃきょう》」とみなす官憲側の警戒にも特別なものがあったのであろう。

そうした条件下での布教が、主として農村を基盤とし、在来の民間信仰ともある意味では共存しつつその地歩を固めていった出社たちの場合と、おのずから異なる課題をつきつけられていたことは想像にかたくない。そして、これらの経験から導きだされた彼らの結論が、とにもかくにも布教の公認を取りつけることであり、そのための組織上・教義上の整備をはかることであったのは、とりあえず無理からぬことであったといわなければならない。

これに、もう一つ加えるとすれば、「文書布教▲」というあらたな方法の採用が

▼**天理教会結収御願**　天理教が最初に「天理教会」の名を使って布教の公認を願いでた文書。

▼**文書布教**　印刷技術の発達などとも相まって、金光教に限らず、伝統的な宗教も含めた各教団が、この時期、文書による布教を始めている。

あげられる。文書布教の嚆矢《こうし》となったのは、初代白神が教祖の教えを簡潔に要約して信徒たちに配布した『御道案内』という小冊子だが、こうした文書布教は、流動的で移ろいやすい都市住民に、必ずしも取次という手続きを踏まなくてもその教えを広めていくうえで、画期的な効果をもたらすものと考えられた。

しかし、文書による布教が、他面で不可避的に招いたのは、教祖の教えの一般化・固定化・マニュアル化であり、それが金光教の布教のあり方、ひいてはその信仰のありように、ある種の変質を迫るものとなったことは疑いない。出社たちが布教のよりどころとしてきた「取次」は、教師(出社)と信徒の一対一の関係を基本とした一回性のものであり、不特定多数の人びとに向けられる性質のものでもなければ、マニュアル化できる性質のものでもなかった。もちろん、取次は今も金光教における布教の要《かなめ》とされているが、文書布教による教義の「モデル化▲」には、そうした教師の側の一回性の取次にかける緊張感をしだいにゆるめていく作用があったことは否定できない。

こうしたそれぞれの経験と問題意識を踏まえて、佐藤・二代白神・近藤の三人は、一八八三(明治十六)年、佐藤宅ではじめて会見し、金光教の将来につい

▼**教義のモデル化**　教義のマニュアル化・モデル化は、文書布教だけでなく、このころから設置され始めた教師養成機関がもたらしたものでもある。天理教では一九〇〇(明治三十三)年に設置された天理教校、金光教では一八九四(同二十七)年に設置された神道金光教会学問所(教義講究所をへて金光教学院となる)がそれにあたる。

て夜を徹して話しあった。佐藤によれば、彼らは「将来御上に斯道を貫き、独立の一教派として生神様へ御礼申し上ぐる事の大方針を協議」し、「これより三人は御道の兄弟として尽す」ことを誓いあったという。

教祖もそのことを聞きおよんで、「上・下そろうた」といって喜んだと伝えられる。しかし教祖の別派独立に関する考えには、これらの三直信とはかなり異なるものがあった。また、旧来の出社たちは、直信らが教祖のもとで発揮する教団統括者としての機能を、一種の役割分担と考え、その結果が出社自身におよぼす影響については、まだ想像もしていなかったようである。

「別派独立」の代価

みきや金光大神の布教公認問題に対する態度は、右に述べたように、消極的ないしは否定的なものであった。それは、公認と引きかえに受け入れなければならない国家神道の教義が、みずからの教えとはあいいれないものであることをよくわきまえていたからにほかならない。

天理教では、一八七五(明治八)年ごろから始まった官憲からの度重なる弾圧▲

▼**度重なる弾圧**　一八七五(明治八)年九月、みきと長男秀司が奈良県庁からの取調べを受け、天理王命などという神はない、その典拠を示せ等々の尋問を受けたのを皮切りに、幾度となく取調べ・拘留・罰金などの弾圧を受けた。とくに一八八二(明治十五)年からみきの死にいたるまでの四〜五年間はそのピークに達するが、根底には、天理教に対する根深い淫祠邪教観があった。

に対し、一部の信者たちが、みきに公認への努力を願った。これに対してみきは、「人間を創造した親である神が、子どもである政治権力からの許しをえるなどとはとんでもないことだ。親である神から子どもに願いにいくことは神の道に背く」として、公認反対▲の意志を伝えたという。

また、一八八七(明治二十)年、臨終の床に就いたみきが、しきりに神楽《かぐら》づとめを求めたのに対し、孫の真之亮《しんのすけ》が、官憲の眼を憚《はばか》って「法律があるからつとめは難しい」と答えると、「月日《つきひ》(親神)がありて此《この》世界あり、世界ありてそれぞれあり、それぞれありて身の内あり、身の内ありて律(法律)あり、律ありても心定めが第一やで」「さあさあ、律がこはいか、神がこはいか」と迫ったといわれる。

しかし、教祖がなくなると、幹部たちは早速公認化への道を模索し始め、一年後の一八八八(明治二十一)年には神道本局直轄の天理教会設立が認可された。このときに制定された規約では、「惟神《かんながら》ノ大道」を賞揚することが会の目的とされ、その主祭神にも、記紀《きき》所載の神々の名が連ねられていて、天理王命《おうのみこと》をはじめ、天理教独自のものはすっかり姿を消している。教祖の危惧していたことが

▼**公認反対**　その後、息子の秀司が布教の便法として真言宗寺院の認可を受け「天輪王講社」なるものを結成したときにも、みきは「そんなことをすれば親神は退く」として反対している。

●──天理教会の説教風景(平出鏗二郎『東京風俗志』)　明治中期のもの。

早くも現実のものとなったのである。

こうして布教の公認を手にいれた天理教の教勢はさらに拡大の一途をたどり、一八九六(明治二十九)年には信徒数が三〇〇万人を超えるまでになった。それとともに、天理教に対する淫祠邪教観が広まり、仏教勢力やジャーナリズムからの激しい攻撃にさらされることになる。これらの批判のなかには、悪意に満ちたものや無理解によるものもあったが、教団の側にも、教祖以後の世俗化がもたらしたさまざまな問題があったことは否めない。これを受けて内務省は、同年訓令をもって警告を発し、取締りのさらなる強化に乗りだした。

これに対して、教団はひたすら恭順の意をあらわし、尊皇《そんのう》・愛国を柱とする「明治教典」▲の編纂や、天理教校▲の設立、日露《にちろ》戦争への全面協力など、国家の意にそう「改革」や活動に励み、一九〇八(明治四十一)年、天理教はついに教派神道として最後の別派独立を果たすことになる。このときに制定された教規では、前教規の神々を「天理大神《だいじん》」と総称して奉祀することとしているが、それはむろん本来の天理王命とは異なるものであり、全体的にも「国の政策に制約され、教祖の思召《おぼしめ》しに添わない」(『天理教事典』)ものであった。

▶**「明治教典」**　天理教では現在の「天理教教典」以前のものを便宜的に「旧教典」ないしは成立の時代を冠して「明治教典」と呼んでいる。旧教典は一九〇〇(明治三十三)年から約一〇年間にわたる一派独立請願運動のなかで形成され、〇三(同三十六)年内務省の承認をえたもので、教祖の教えをそのまま表現することが許されず、神道的な表現をとらざるをえなかった。

▶**天理教校**　天理教の一派独立請願運動は一八九九(明治三十二)年ごろから始まっているが、その際、内務省から、人材養成のための学校一つないようなことで独立などは思いもよらぬこと、といわれたのがきっかけで、翌年天理教教師養成機関としての天理教校が開校され、今日におよんでいる。

その意味では、教祖の「おふでさき」こそ、天理教の信仰の基準となるべきものだが、一八八三(明治十六)年に、「おふでさき」が警察に没収されるのを防ぐため、焼却したことにして秘密裏に保存せざるをえない事情が生じ、以後、熱心な信者が密かに筆写して伝えるという状態が大正期まで続いた。これは、近代の天理教にとって、もっとも不幸な出来事であったといえよう。

しかし、そのために教祖の教えがまったく伝わらなくなったと考えるのはもちろん早計である。たとえ断片的なものであるにしろ、直弟子たちの記憶のなかに刻み込まれた教祖の教えが、口から口へと伝えられることなしに、天理教がそれとして歴史のなかで生き続けることができたとは思えないからである。その場合、教団の裏の顔ともいうべき先述の講組織こそは、教祖の教えを伝えていくのにもっともふさわしい場ではなかったか、というのが筆者の推測だが、この点は、今後の研究に待たなければならない。

他方、金光教では、さきに述べた「直信」の一人佐藤範雄が、一八八二(明治十五)年、公認の前提となる教義の確立のため、信条の形成を教祖に進言している。これに対して教祖は、「此方《このかた》は、独立してもせんでも、人が助かることさえできれば、結構である」と答え、公認にも、教義の確立にも消極的であることを示唆した。しかし、再度にわたる佐藤の懇請に、教祖はようやく応じ、一八八三年、死の直前に「慎誡《しんかい》」「神訓《しんくん》」▲と呼ばれるものを書き残している。

さらに、同年、もう一人の直信、近藤藤守の働きかけで、神道大阪事務分局の者が教祖に面会を求め、神社神道の分霊を勧請《かんじょう》することで布教公認への道を求めてはどうか、と助言するが、教祖は「此方のは神様が違う」として、言下にこれを断わった。このことは、さきにも述べたとおりである。

教祖の死後まもなく、幹部らが協議した結果、教祖の四男金光萩雄《はぎお》▲（のち初代管長）が教務を、五男宅吉《いえよし》▲が教祖の取次を継承し、二代白神と近藤は主として布教面の、佐藤はもっぱら教団設立の責任をおうことになった。このように教務と信仰の頂点に立つ者が教祖の血脈の別々の人格によって担われ、白神・近藤と佐藤もおのおのの役割を相手にあずけてしまったことは、やがて両者の機能を分離させ、教団の内部にさまざまな二重構造を内向させていく契機となる。これは、教祖なきあと本席《ほんせき》の飯《い》降《ぶり》伊《い》蔵《ぞう》▲がみきの「おさしづ」を継承し、中山家や幹部の人たちが教務を統括した天理教の場合とも一脈通じるものであった。

▶**慎誡・神訓**　両者はあわせて八二カ条からなっており、教祖のいわば信心のエッセンスを集めたものだが、このうち前者の「神国の人に生まれて神と皇《か》上《み》との大恩を知らぬこと」と、後者の「わが身はわが身ならず、みな神と皇上との身と思い知れよ」の二カ条だけは、民衆の生活に密着した真の信心のあり方を説く他の八〇カ条とはまったく異質なものであり、筆者は佐藤範雄の進言または加筆によるものではないかとみている。

▶**金光萩雄**　一八四九〜一九一九年。

▶**金光宅吉**　一八五四〜九三年。

▶**飯降伊蔵**　一八三四〜一九〇七年。みきの死後から神言を伝える本席として天理教を指導。神言の筆録「おさしづ」は同教の原典とされる。

●──別派独立に際して認可された教会所本館の正面図（佐藤範雄『信仰回顧六十五年』上）　最初に提出した図面が神社ににているとして内務省の係官が難色を示したため、やむなく唐破風《からはふ》造《づく》りに書きかえたもの。

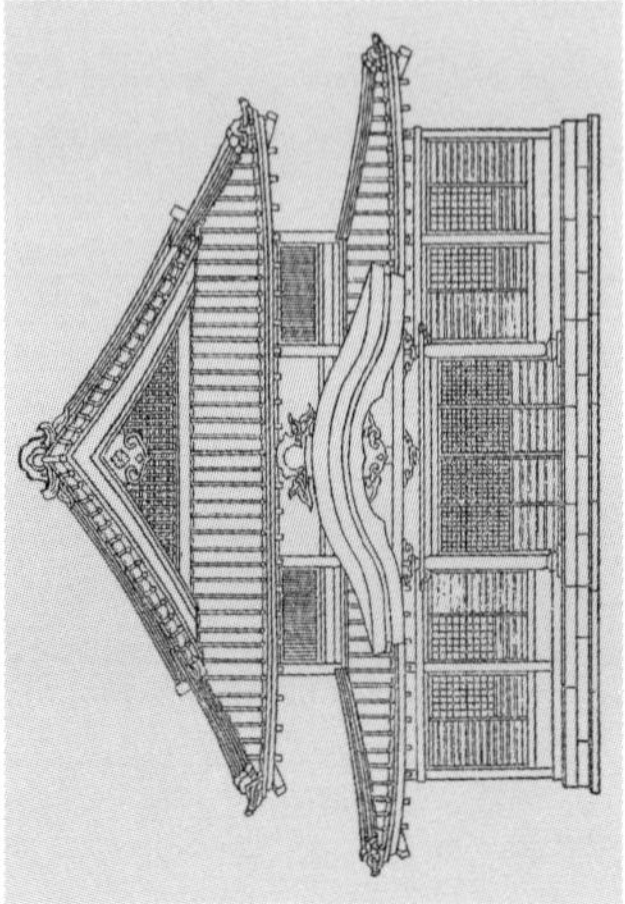

一方、教祖の出社のおもだった人たちは、教団運営にはまったく関与せず、それぞれの布教活動に専念している。それは、佐藤ら直信たちとのあいだで了解されていたことだが、こうした役割分担も、やがては両者のあいだに認識のズレを生み出し、右の二重構造を増幅させていくことになった。

こうして教団設立に専念することになった佐藤は、まず、神道事務局の広島県下の宣教に協力することで実績をつくり、一八八五（明治十八）年には、神道備中事務分局所属金光教会設立の認可を取りつけた。このときの規約にみられる「国体《こくたい》」と「惟神」の思想の表明は、天理教と同様、神道事務局傘下の教会となるための最低条件だったといえるが、天地金乃神《てんちかねのかみ》が「金乃大神」に書きかえられ、金光教の生命である「生き神」思想がかき消されている点も含めて、それは、教祖の教えからのはなはだしい逸脱であったといわなければならない。

その後、事務局直轄の教会となり、そのランクをのぼりつめていくたびに、国家神道教義との一体化が進められていった。ただし、そのことが、すぐさま教団の性格を規定したとみるなら、それは正しくない。なぜなら、金光教が固定化された教義よりは、信徒の具体的な問題に即した「取次」をもってその生命とするかぎり、そこには差しあたって国体の教義の持ち込まれる余地はほとんどなかったと考えられるからである。しかしまた、国体の教義をいただくことが、信徒たちにとってなんの影響もなかったかといえば、むろんそうではない。その点についてはまたあとでふれることにする。

　こうして、神道本局に所属するかぎり、教祖の教えを公然と掲げることができない状態に苦痛をつのらせた佐藤は、いよいよ別派独立の運動に力をそそぎ、一八九九(明治三十二)年、神道本局はついに「金一万円を本局に納入のこと」と引きかえに、別派独立を認めた。いわば一万円で「独立」を買ったのである。あとは内務省の認可をえるだけとなったが、その交渉は予想外に難航した。教派神道一三派中金光教のみが国家神道にない主祭神▲を奉じていたからである。これに対して佐藤がどのように対応したのかは明らかでないが、結局、この問題は、以後双方ともふれないという約束で決着をみた。

　このほか内務省は、教会建築の様式をはじめさまざまな注文をつけて、さすがの佐藤も、一時請願放棄を考えたというが、内務当局にいかなる打算が働いたのか、おりしも、第二次山県有朋《やまがたありとも》内閣が、陸海軍大臣現役《げんえき》武《ぶ》官制《かんせい》▲を確立し、

▼国家神道にない主祭神　金光教の主祭神天地金乃神は、庶民の金神信仰を背景にもつものであり、記紀などに記載のない神であったことはいうまでもない。

▼陸海軍大臣現役武官制　陸海軍の大臣は、それまで慣習的に非現役の武官が任命されてきたが、第二次山県内閣は、これを現役の大・中将に限定した。これは政党の興隆に対して門戸を閉ざし、軍部の政治的発言力を強化するのが狙いだった。

治安警察法《ちあんけいさつほう》▲を公布して、列強帝国主義に伍していく体制が固められつつあった一九〇〇(明治三十三)年、金光教はついに別派独立を果たした。天理教の別派独立に先立つこと八年前のことであった。

抱え込んだ矛盾——二重構造の定着

苦節一七年、こうして勝ちとった「独立」を、金光教の人たちが喜び迎えたことはいうまでもない。それによって、神道本局のもとでは意のごとくにならなかった自由な布教活動と教団運営とが、まがりなりにも保障されることになったからである。しかし、たとえ方便だったにしろ、本局下で繰り返し行われた大幅な教義と組織の改変は、独立による多少の手直しでは取返しのつかないほど、その後の教団の歩みに深い影響をあたえていくことになった。

とりわけ、その自立的な布教活動によって、教団の初期の発展に寄与してきた出社たちの機能が、この過程で受けた影響は少なくない。その点で決定的な役割を果たしたのは、別派独立をめざす佐藤らが展開した「講社結収運動」ないし「出社結収運動」と呼ばれているものである。

▼**治安警察法**　集会・結社・言論の自由を抑圧した治安立法。第二次山県内閣が従来の集会条例・新聞紙条例などの治安立法を集大成し、あらたに台頭してきた労働運動・農民運動の抑圧を企図したもので、第二次世界大戦後の廃止まで重要な役割を果たした。

一八八五(明治十八)年に設立された金光教会は、神道備中事務分局の指揮下にあり、備中以外の各地の出社広前(当時は「講社《こうしゃ》」と呼ばれていた)は別の神道分局や他の教団に所属していたため、佐藤らは八六(同十九)年から九〇(同二十三)年にかけて各地の出社を金光教会に結集する運動を精力的に展開した。

たとえば、当時大阪には三七カ所の広前があり、神道事務局や教派神道の神《じん》宮《ぐう》教▲・御嶽《おんたけ》教などに属していたが、佐藤らは「本教会の旨趣に副う者」にその許可証をあたえ、そうでない者には警察に取締りを依頼している。同じことは、当時の金光教の布教圏全体で行われたものと思われる。つまり、これは結局のところ純血種とそうでない者を篩《ふる》いにかける選別作業だったのである。

こうした作業は、別派独立をめざす以上、避けられないものであったし、それ以外に金光教の生きる道があったかといえば、そうと言い切ることはむずかしい。しかし、ここで「本教会の旨趣」という「客観的」(実は佐藤らの主観的)な基準があたえられたことで、それまで、出社の主体性に委ねられてきた自由な布教活動に、さまざまな制約が加えられたことは否定できない。さらに、佐藤らがそうした権限をもつことによって、それまでは平等であった直信と出社との

▼**神宮教**　神宮教は、江戸時代の伊勢講をベースとして教団化した宗教だったが、伊勢神宮が国家神道の本宗《ほんしゅう》となって性格変化したため、伊勢神宮と結びついた一般宗教の存在は好ましくないとして、一八九九(明治三十二)年、教派神道からはずれ、財団法人神宮奉斎会となった。

関係が、上下の関係に変わっていった点も重要である。

一方、佐藤は、一八八五年、講社結収の条件を定めた「神道金光教会講社結収手続大意」を事務局に提出している。それによると、各講社は分教会または支教会に所属することになっているが、分・支教会は府県、郡、町村を単位に設置され、それぞれ上位の教会に監督権があたえられている。このような地域割と上意下達主義による講社＝出社の再編も、それまでの「出社連合」の組織原理とはまったくあいいれないものであり、その自立性と、それに基づく信仰的なエネルギーを弱めていくものとなったことは疑いない。

この点を踏まえて、別派独立以後の教団の基本的な構造についてまとめておくと、講社結収運動によって出社の「危険な牙《きば》」が矯められたあとは、さきに述べた教務と取次の乖離《かいり》によって、「国家への御用」と「神様への御用」は、直信＝教団幹部と出社たちのそれぞれに別個に担われていくことになった。これを別派独立の代価として背負った国体の教義との関わりでいえば、出社や信者たちは、それによって、天皇本位・国家本位の教義から、ある程度隔離されることになった、ともいえる。その意味で、私たちは別派独立をもって単純に教団の歴史を二分することには、慎重でなければならない。

　しかし、難儀な氏子を取り次ぎ助けるという立教の精神が、不可避的に国家や社会への独自の関わりを求めていたとすれば、そうした視点をも、それは遮断するものとなった。その結果、そこに、国家本位の立場を建て前とし、自己本位の立場を本音とする精神の二重構造が生み出されていくことになる。国家本位の建て前は、金光教においては、自己本位を覆い隠す防壁として機能し、同時にそれは、金光教の信仰を世俗的なご利益信仰のレベルに押しとどめておく重石の機能を果たすものとなった。

　このように、自己本位の立場が客観的には国家の人民支配を補完するものとして機能させられてきたところに、筆者は、教派神道の問題の核心部分があると考えるのだが、同じ問題は、教派神道に限らず、近代天皇制国家の他のさまざまな社会集団や個々人においても、存在していたと思われる。

　しかし、「国家本位」と「自己本位」は突きつめていくと、けっして両立しうるものではない。後述するように金光教の以後の歴史は、そのことを明らかにしてくれている。

④——不服従の遺産

終末的ラディカリズムの行方——大本教事件

このようにして、天理教《てんりきょう》と金光教《こんこうきょう》は、国家神道《こっかしんとう》教義をいわば「顕教《けんぎょう》」▲として受け入れることで、教派《きょうは》神道としての「独立」を果たし、そのことで教祖の教えが「密教《みっきょう》」▲として生き残る道を選んだ。その結果をどのように評価するにしろ、それによって両教団がより安定した地位をえたことは疑いない。

これに対して、同じ民衆宗教ながら、別派独立に執着せず、独自の道をあゆんでいった大本教《おおもときょう》の場合は、一見国家神道と見紛うほどにみずからを変形させつつ、なおも終末的ラディカリズム▲を貫こうとして、国家権力の激しい憎悪をあび、二度の大弾圧によって壊滅させられるという対照的な命運をたどることになる。

一九〇四(明治三十七)年、日露《にちろ》戦争が始まると、大本教の幹部や信徒たちは、なおの終末の予言が的中したとして勇み立った。しかし、その勝利がもたらした現実は、立替え立直しへの期待を裏切るものであり、また、官憲の圧迫がさ

▼**顕教・密教**　両者とも本来は仏教用語で、顕教は、言語文字で明らかに説き示された釈尊《しゃくそん》の教え。密教は、容易に知りえない秘密の教えの意で、インドの大乗仏教の発展の極にあらわれ、中国・日本・ネパール・チベットなどに広がった。日本では、真言宗《しんごんしゅう》系の東《とう》密《みつ》と天台宗《てんだいしゅう》系の台密《だいみつ》とがある。しかし、ここでは、比喩として用いている。

▼**終末的ラディカリズム**　終末論は狭義には神の審判《しんぱん》による世界や人間の終末を説いたキリスト教の神学の一部にみられるものだが、広義には、それと類似した思想にも用いられる。終末の切迫感が先鋭化した言説や行動となってあらわれたものを、ここでは終末的ラディカリズムと呼んでいる。

らに強まったことなどから、大本教は急速に衰退の一途を辿り始める。そして王仁三郎《おにさぶろう》は、一九〇五（明治三十八）年、日露戦争の終結と前後して綾部《あやべ》を去り、遍歴と宣教の旅に発った。

なおの五女すみの夫であるという次元の問題を別にすれば、この旅立ちは、王仁三郎にとって、なおの宗教との決別の危機をはらむものであったとも考えられる。このころの王仁三郎の宗教思想は、国家神道的な教義に軸足をおきながら、霊学《れいがく》によって身につけた鎮魂帰神法《ちんこんきしんほう》▲と、文明開化《ぶんめいかいか》に対する期待から生まれた普遍的な人類主義を特徴とするものであったが、これらは、痛烈な社会批判への共鳴という一点を除けば、土俗《どぞく》的・非合理的で、反文明に徹したなおの宗教思想とはまったくあいいれない性格のものだったからである。

しかし、一九〇八（明治四十一）年、王仁三郎は結局、綾部に戻る決心をした。それは、日露戦争とその後の社会の混乱を目のあたりにして、状況をとらえる知識の量とそれに対応していく才覚においては、なおに数十倍する力量をもちながら、その「人間的重量」（安丸良夫の言葉）においてははるかにおよばないことを自覚した彼が、なおの終末観を成就する方向に舵《かじ》を切りなおしたからではな

▼**鎮魂帰神法**　ここでいう鎮魂帰神とは、霊魂の実在を証明し、人に依《よ》り憑《つ》いた霊魂がなんであるかを見分け、宇宙の霊的な本質と交感することで、精神の安定や病魔の退散をはかる呪術《じゅじゅつ》的な修法《しゅほう》のこと。

●——出口王仁三郎

かろうか。

綾部に戻った王仁三郎は、教団の名称を「大日本修斎会《だいにほんしゅうさいかい》」と改め、積極的な布教活動を再開し、その結果、明治の末年から大正の初年にかけて、大本教の教勢は全国的に広がり始めた。こうして教団の主導権を掌握した王仁三郎が、まず主力をそそいだのは、なおの「筆先《ふでさき》」の教義を記紀《きき》神話の体系と結びつけて普遍化することであった。

なおの「筆先」によれば、根元的な神格である「艮《うしとら》の金神《こんじん》」が厳格・剛直にすぎたので、八百万《やおよろず》の神々によって艮の方角に押し込められたため、この世界が悪神・邪神のはびこる「利己主義《われよし》」の暗がりの世になってしまった、というのがその中心的な思想であった。これに対して王仁三郎は、艮の金神をクニトコタチノミコトに読み替え、これに坤《ひつじさる》の金神を加えてスサノオノミコトに比定し、前者の御魂《みたま》がなおに、後者の御魂が王仁三郎に体現されたのだ、という形で、この神話を、アメノミナカヌシノカミを頂点とする記紀神話の体系に接合したのである。しかし、それよって、国家権力からすれば、なおの「荒唐無稽《こうとうむけい》」な話が、かえって許しがたい異端の教説に転化したのであった。

一方、王仁三郎は、このころから、神道霊学に基づく鎮魂帰神法を、布教の要《かなめ》にすえて頻繁に用いるようになる。なおからすれば、王仁三郎の人為的な霊《れい》術《じゅつ》は、さかしらごとにしかみえなかったことであろう。しかし、近代の科学的な知識の流入で、伝統的な霊魂観が揺らぎ始めたとき、王仁三郎の「合理的」な鎮魂帰神法には、そうした人びとの不安に応えるものがあったにちがいない。

こうして、王仁三郎が、初期の大本からの脱皮をはかりつつあった一九一四(大正三)年、第一次世界大戦が勃発した。それは、あらたな理論と方法で武装した大本教が、世界の立替え立直しを広範な人びとに訴えるまたとない機会となった。

一九一六(大正五)年大本教はその名も「皇道《こうどう》大本」と改称し、翌年王仁三郎が教主《きょうしゅ》に就任して布教誌『神霊界《しんれいかい》』を創刊する。同誌には王仁三郎によって整理されたなおの「筆先」が「神諭《しんゆ》」の名でつぎつぎに発表された。そこには彼の手による修正や加筆があったとはいえ、原蓄期の危機的な状況のなかで綴られたなおの激しい社会批判や終末の予言がほぼ再現されており、大戦による社会不安にさらされた人びとのあいだで、それらの言葉は、なまなましい実感をともな

●——『神霊界』の表紙

●──『霊界物語』の口述風景　口述はほとんど布団のうえに横たわったままでなされた。

▼浅野和三郎　一八七四〜一九三七年。西欧の心霊科学の紹介・導入につとめた英文学者で一九一六(大正五)年に入信、のちに大本を離れている。

うものとしてよみがえった。

これらを踏まえて翌年の同誌に発表された王仁三郎の「大正維新に就いて」は、社会変革のための「檄文《げきぶん》」とも読めるものである。そこでは「神政復古《しんせいふっこ》」が唱えられ、その具体策としては、世界大家族制の実施、金銀為本《いほん》の経綸《けいりん》策の撤廃、天産物の自給、租税制度の廃絶、私有財産の奉還、などが主張された。

神政復古の思想は復古神道の流れをくむものであり、きわめて時代錯誤的なものであった。しかし、彼の主張は、現状の打破を求めながら、社会主義などの「危険思想」にはついていけない人たちのあいだに深く浸透していった。国家権力が、このような大本教の動向を座視しえなかったのも、一つには、国体論そのものによってみずからが裁かれることに、たえがたいものがあったからであろう。

大本教に対する本格的な取調べは一九一九(大正八)年から始まった。まず、王仁三郎と幹部の浅野和三郎《あさのわさぶろう》▲が綾部署で尋問を受け、「世の立替え立直し」「神政復古」「大正維新」「私有財産の否認」などの宣伝の禁止が言い渡された。このとき、ジャーナリズムはいっせいに大本批判の火蓋を切り、教団はたちまち苦境に立たされる。これに対して、大本教は、鎮魂帰神の宣伝をひかえるなどの措置をとったが、信徒たちの危機感によって、布教活動はかえって活発化した。このため、全面禁止の意を固めた当局は、一九二一(大正十)年、ついに王仁三郎や幹部たちの一斉検挙に踏み切り、彼らを不敬罪《ふけいざい》▲で起訴する。これが第一次の大本教弾圧である。

裁判は、一審、二審で有罪となり、法廷での闘いは大審院《だいしんいん》▲にまでもちこされた。しかし、公判中に大正天皇の「大葬《たいそう》」があり、「大赦《たいしゃ》」によってようやく事件の免訴が確定した。この間、当局によって主要な宗教施設▲の破壊が命ぜられ、弾圧によって多数の幹部らが教団を去るなど、大本教が受けた打撃には計り知れないものがあった。

その後、王仁三郎は、懸命に教団の体質改善につとめ、その建直しをはかった。まず、この弾圧によって、なおの「筆先」を用いることが不可能となったため、彼は、教典に準ずるものとして構想していた『霊界物語』の口述を実行に移す。この物語は、彼が大本にはいる前に実見したという霊界のようすを述べたものである。その基調をなしているのは、国祖クニトコタチノミコト=艮の金

▼**不敬罪**　刑法に規定された天皇・皇族・神宮・皇陵などへの不敬の言動に対する罪。昭和にはいってから、これによる起訴事件は激増するが、一九四七(昭和二十二)年の刑法改正により削除された。

▼**大審院**　明治憲法下における最高の司法裁判所。一八七五(明治八)年設置、一九四七(昭和二十二)年廃止。

▼**主要な宗教施設**　開祖なおの墓、墓のうしろにあった稚姫《わがひめ》神社、本宮《ほんぐう》山にあった神殿など。神殿については、それが伊勢神宮や宮中の賢所《かしこどころ》にそっくりだから不敬だ、というのがその理由だった。

神の隠退とその後の神々の闘争をとおして語られる彼の「霊主体従」思想▲であった。これは、「立替え立直し」の思想を架空の物語の比喩《ひゆ》や隠喩《いんゆ》のなかに後退させたものだが、後退させることでなおもその思想を貫こうとしたものだ、ともいえよう。

今一つ、王仁三郎が力をそそいだのは、偏狭なナショナリズムとみられるものをできるだけ排除して、人類愛の立場を強調することであった。その場合、ナショナルな立場を放棄するのではなく、むしろ、日本の惟神《かんながら》の道こそ普遍的な人類同胞主義を体現したものだとするところに、彼の思想の特徴があった。彼の「主の神（＝素盞嗚尊《すさのおのみこと》）は……その御魂を分け、あるいは釈迦《しゃか》と現われ、あるいはキリストと化《な》り、マホメットと化る」（『霊界物語』）という言葉は、まさに、そうした彼の万教同根説《ばんきょうどうこんせつ》の性格を、よく伝えている。

主神が天照大神ではなく、記紀神話のなかでは異端的な位置づけをもつ素盞嗚であったということは、もちろん重要な点だが、少なくとも、万教の普遍性がそこに帰一するという思想構造自体は、やがて訪れる超国家主義▲のそれと別のものではなかった。彼が、ラジカルな立場を貫こうとすればするほど、国体

▶**霊主体従思想**　明治の後期から、キリスト教などの影響を受け、人間の霊性、霊魂の不滅を強調し、肉体に対する霊魂の優位を説く議論が盛んとなる。赤司繁太郎の『霊乎肉乎』（一九一〇年）などはその代表的なものだが、王仁三郎の霊主体従思想は、その流れをくむものといえる。反対語は体主霊従。

▶**超国家主義**　国家主義の極端化したもの。超の意義には、国家主義に基盤をおきつつ、アジアや世界の新秩序を構想するという側面も含まれる。一九三〇年代半ばから、ファシズム体制を支える思想として大きな影響力をもった。

▶**世界宗教連合会**　一九二五（大正十四）年大本教の首唱で北京《ペキン》につくられた。道院《どういん》・救世新教・キリスト教・イスラム教・仏教・儒教の一部などが参加。

論の枠組みに埋没していったのはそのためである。そしてその分、なおの神学の独自性が失われていったことはいうまでもない。

大正の末年、王仁三郎は、人類同胞、万教同根の理想実現のため、世界宗教連合会や人類愛善会▲などの創設に心血をそそいだ。しかし、一九三〇(昭和五)年からの昭和恐慌《きょうこう》や十五年戦争への突入によって人びとの危機感が深まり、日本の軍国主義化とファシズムへの傾斜が決定的となると、大本教は、事件後に改称した「大本」を「皇道大本」の名称に戻し、ふたたびその国家主義的な性格を強めていった。

一九三四(昭和九)年、王仁三郎は、大本教の外郭的な政治運動団体ともいうべき昭和神聖会《しんせいかい》▲を結成した。その副代表格には右翼の指導者内田《うちだ》良平《りょうへい》▲がおさまり、当時の政界・財界・軍部・学会・右翼の大物たちが賛同者として名を連ねていた。翌年にはいると、昭和神聖会は、ファシズム運動の性格を強め、岡《おか》田啓介《だけいすけ》内閣の打倒を叫び、その賛同者は公称八〇〇万人にまでふくれあがったという。こうした昭和神聖会の動向は、民間の右翼と皇道派の軍人によるテロ事件▲などをある意味では利用しながら、ファシズムの体制化を進めてきた国家

▼人類愛善会　世界宗教連合会に呼応し、人類の共存共栄を実現するため、広く宗教家・思想家の参加を求めて設立された。

▼昭和神聖会　同会の綱領には「祭政一致」「天祖の神勅並に聖勅の奉戴」「皇道経済、皇道外交」「皇道の国教化」「国防の充実と農村の隆昌」などがうたわれていた。

▼内田良平　一八七四〜一九三七年。右翼団体黒龍会の創立者。

▼民間右翼・皇道派軍人によるテロ事件　代表的なものに一九三二(昭和七)年井上日召《にっしょう》の主宰する血盟団《けつめいだん》員が前蔵相の井上準之助や三井合名理事長団琢磨《だんたくま》を射殺した血盟団事件、同年血盟団や一部海軍軍人が犬養毅《いぬかいつよし》首相を殺害、都内の要所を襲った五《ご》・一五《いちご》事件、三六(同十一)年の二・二六事件(後述)などがある。

権力にとって、その心胆を寒からしめるものとなった。一九三六(昭和十一)年の二・二六事件▲で現実のものとなるクーデタへの予兆を、そこに垣間みたからであろう。

一九三五(昭和十)年十二月八日未明、武装した警官約五〇〇人が綾部と亀岡《かめおか》の大本教施設を急襲して六〇人の幹部を検挙し、王仁三郎も旅先の松江で検挙された。同時に、全国一〇九カ所の支部も手入れを受け、約五万点の物件が「証拠資料」として押収された。内務当局は、この弾圧を正当化するため、これらの資料を基に『大本事件の真相』なるパンフレットをつくって全国に配布し、マスコミもこれに協力して旧に倍する大本教攻撃のキャンペーンを張った。第二次大本教弾圧の幕開きである。

取調べは残酷をきわめた。「現皇統を廃して王仁三郎が日本の天皇になる」ことを目論んだという筋書きにそって「自白」を強要し、否定すれば激しい拷問▲が待ち受けていた。この結果、二・二六事件直後の三月、王仁三郎・すみ以下幹部六一人が不敬罪・治安維持法《ちあんいじほう》違反▲などで起訴され、大本教はただちに禁止された。そのうえ政府は、教団の全施設の破壊に着手し、総石づくりの神殿はダ

▼**二・二六事件**　国家改造を掲げる理論的指導者北一輝《きたいっき》・西田《にしだ》税らの影響を受けた陸軍の皇道派青年将校らが起こしたクーデタ事件。一九三六(昭和十一)年二月二十六日これら将校の指揮する約一五〇〇人の将兵が首相官邸などを襲撃し、四人の政府要人を殺害、永田町《ながたちょう》を中心とする地域を占拠。これに対して戒厳令《かいげんれい》がしかれ、二十九日に鎮圧された。この事件の結果かえって軍部の支配が強化され、戦争遂行のための総動員体制が確立されていく。

▼**激しい拷問**　王仁三郎は長髪をつかまれて引きずりまわされ、何度も失神し、ほかにも頭髪をつかまれて引きまわされ毛が抜けて血が噴出した人、焼けた鉄の火箸を尻にあてられた人、鼻や口に水を注ぎ込まれた人、竹刀がササラになるほど打たれた人などが、数え切れないほどいたという。

イナマイトで爆破され、なおの墓や信者の墓も破壊された。その際、墓石にきざまれた大本教関係の文字は執拗に削りとられ、本部内の石像の首までが切り落とされている。権力の大本に対する憎悪がいかにただならぬものであったかがうかがわれる▲。

第二次大本教事件に対する公判は一九三八(昭和十三)年から始まり、一審は不敬罪・治安維持法違反とも全員有罪で、王仁三郎には無期懲役が言い渡された。大本教側はただちに控訴し、二審判決では治安維持法違反は無罪、不敬罪のみが有罪となったが、大本教側も当局側もともにこれを不服として上告し、大本教の闘いは大審院に持ち越される。敗戦直後の一九四五(昭和二十)年九月にくだされた判決では、上告棄却《じょうこくききゃく》となり、二審判決が確定したが、翌十月、不敬罪の「恩赦《おんしゃ》▲」によって、王仁三郎らは七年ぶりに自由の身となった。いわゆる「神道指令▲」によって国家神道が解体されたのはそれからまもなくのことである。

このころの王仁三郎については、つぎのようなエピソードが伝えられている。一九四五年正月、元旦の挨拶にいった元大本総長出口栄二《でぐちえいじ》▲が「新年おめでとうございます」と挨拶すると、王仁三郎はとっさに「なにが新年おめでとうや、新

▶**治安維持法**　一九二五(大正十四)年に成立。「国体の変革」などを目的とする結社やそのための協議・煽動・利益供与などを行った者に一〇年ないし五年以下の懲役を科するものとした。

▶**第二次大本教弾圧**　この弾圧は、前後するひとのみち、ほんみち、仏教やキリスト教の個人やグループ、創価教育会に対する一連の弾圧のピークをなすものとなった。

▶**不敬罪の恩赦**　連合国軍最高司令官総司令部が発した「政治的・民事的・宗教的自由に対する制限撤廃の覚書」を受け、天皇の名で大赦令《たいしゃれい》を公布・施行したもの。

▶**神道指令**　連合国軍最高司令官総司令部が発した国家神道の解体を指示する覚書。一〇二ページ参照。

▶**出口栄二**　一九一九〜二〇〇六年。

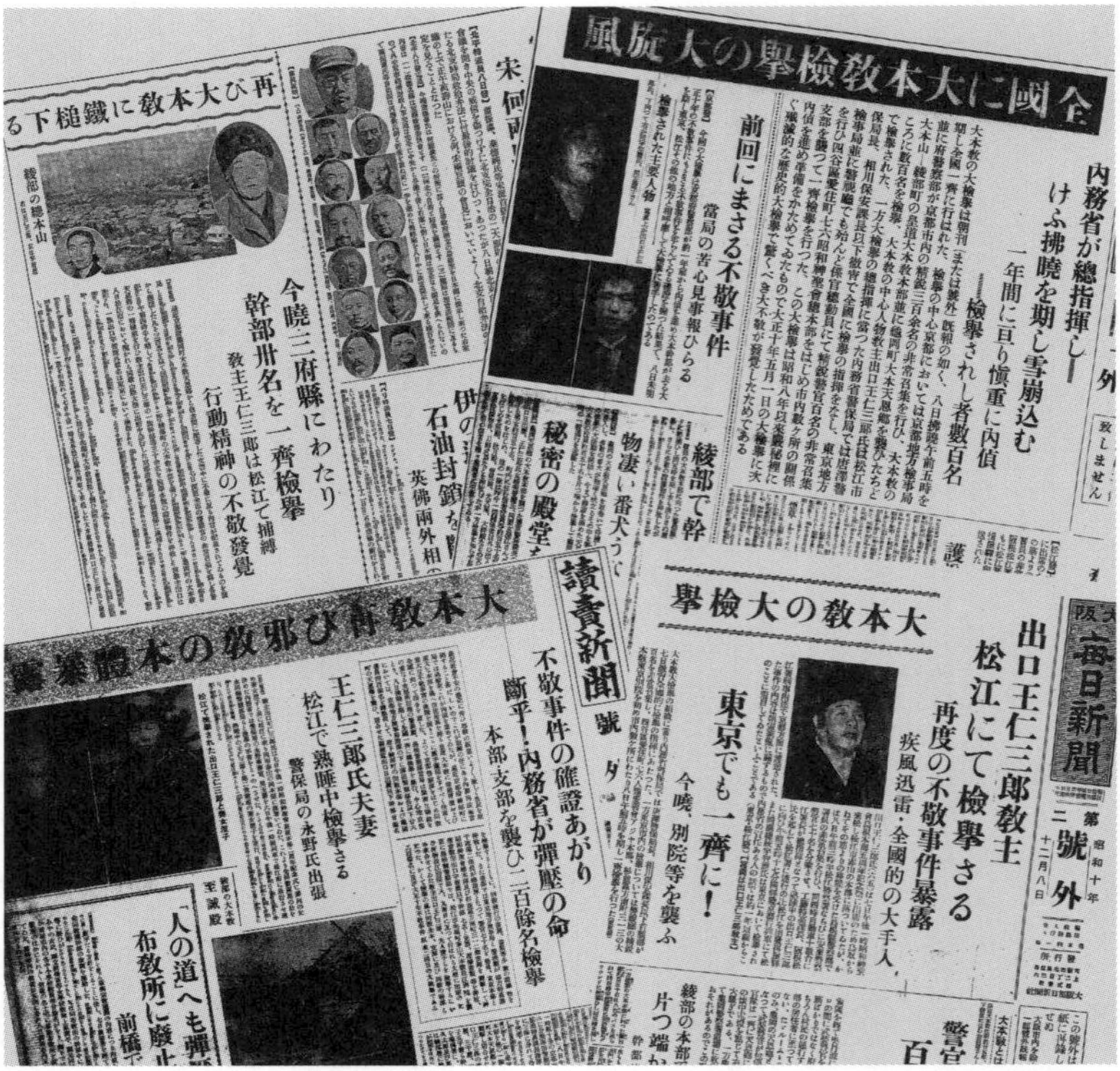

全國に大本教檢擧の大旋風

内務省が總指揮し
けふ拂曉を期し雪崩込む
一年間に亘り愼重に内偵
――檢擧されし者數百名

前回にまさる不敬事件
當局の苦心見事報ひらる

再び大本教に鐵槌下る
今曉三府縣にわたり
幹部卅名を一齊檢擧
教主王仁三郎は松江で捕縛
行動精神の不敬發覺

大本教再び邪教の本體暴露
王仁三郎氏夫妻
松江で熟睡中檢擧さる
警保局の永野氏出張

讀賣新聞

不敬事件の確證あがり
斷乎！内務省が彈壓の命
本部支部を襲ひ二百餘名檢擧

大本教の大檢擧

東京でも一齊に！
今曉、別院等を襲ふ

大阪毎日新聞
號外

出口王仁三郎教主
松江にて檢擧さる
再度の不敬事件暴露
疾風迅雷・全國的の大手入

●――第２次大本教事件を報じる各紙（『東京日日新聞』〈右上〉，『大阪毎日新聞』〈右下〉，『東京朝日新聞』〈左上〉，『読売新聞』〈左下〉，すべて1935年12月８日号外）

●――天井も壁も落とされた光照殿（1936年）

●――1500発のダイナマイトで粉砕された月宮殿（1936年）

年敗《ま》けましておめでとうございます」と語ったという。すでに日本帝国の末路がはっきりみえていたのであろう。また、事件後、はじめて綾部の土を踏んだ王仁三郎は、大本教の敷地内にあった桜の木をみて「全部切ってしまえ」ときつく命じたという。桜の木に象徴される軍国主義の根絶を訴えたかったからにちがいない。

それにしても、このとき、王仁三郎は、皇道主義時代の自分をどのように回顧していたのだろうか。それは定かではないが、少なくとも、この苛烈な弾圧が、大本教の人びとに、国家神道との切れ目を改めて自覚させ、真に人類の平和を希《こいねが》う宗教として大本教を再生させていく契機となったことは疑いない。

教祖に復《かえ》れ――デモクラシーと「新体制」

一方、教派神道となることで教団の安定的な発展をはかった金光教や天理教は、その後、どのような道をたどったのだろうか。ここでは金光教についてみていくことにしよう。

別派独立後の教団の指導体制は、それまでの佐藤範雄《のりお》・近藤藤守《こんどうふじもり》・二代白神《しらかみ》新一郎《しんいちろう》によるトロイカ方式から佐藤がぬけだして対外的な教化活動に専念し、教務を統括する教監《きょうかん》の任には近藤と白神があたるという形がしばらく続いた。しかし、こうした棲分《すみわ》けは、やがて両者の教団経営に対する考え方の違いとなってあらわれ、一九〇七(明治四十)年、教団は佐藤を教監につけて、体制の刷新をはかった。

すでに日露《にちろ》戦争勃発のときから、教団は国家への協力姿勢を鮮明にしていたが、佐藤の抜擢によって、その方向はいよいよ強化されることになる。一九〇七年の戊辰《ぼしん》詔書《しょうしょ》渙発《かんぱつ》に際して、佐藤は、全教団をあげての聖旨《せいし》普及運動につとめ、おりからの地方改良運動・青年団運動▲・在郷軍人会▲の運動などとも密接にかかわっていった。また、一九一二(明治四十五)年、宗教界の国家的再編を目論んで開催された三教会同《さんきょうかいどう》▲では、神道側代表委員としてめざましい活躍ぶりを示し、彼自身と、金光教＝教派神道の優等生の「声価」を一度に高からしめる契機となった。

こうして、一九〇七年以来引き続き教監の地位にあり、名実ともに金光教最高の指導者として君臨してきた佐藤は、一九一七(大正六)年、突如としてその

▶**青年団運動**　青年団は、明治以降一定地域を単位として全国的に形成された青年を主体とする集団。その多くは文明開化の影響を受け、江戸時代の若者組にかわるものとして自発的に形成されていったが、日露戦争後、政府が地方改良運動の一環としてその育成と活用に乗りだしてから、官製のにおいの強いものとなっていった。

▶**在郷軍人会**　正式名称は帝国在郷軍人会。一九一〇(明治四十三)年、退役軍人の増加につれて、各地に生まれた陸海軍の退役軍人による尚武《しょうぶ》団体を統一して設立された。日露戦争の経験に基づき、将来の戦争が在郷軍人に頼らざるをえないことを予想し、軍国思想の涵養と軍事能力の維持をはかることが、その動機であった。

職を退く。これは、当時管長家の名義になっていた本部境内《けいだい》の土地を金光教維持財団に移管しようという動きが起こり、初代管長(教祖の四男萩男《はぎお》)がそれまで選挙制だった管長職を世襲制にすることと引きかえにこれを認めることになったため、教団革新を唱える青年布教師たちが佐藤にその引責を迫ったことによるものである。

かくして、佐藤の退任劇は、それまで一枚岩のようにみられてきた金光教団の内部に、別の流れが生まれつつあることを、はからずも露呈するものとなった。この流れを生み出した青年布教師たちの運動は、初め、金光教の独自性を強く意識した地味な信仰回復《リバイバル》の運動から出発した。これらの青年たちの多くは、いずれも佐藤範雄の愛弟子《まなでし》であり、教団の近代化を担う次代のリーダーとしての期待を担って東大や早大などの「最高学府」に送り出された人たちだった。しかし、佐藤ら直弟子たちと違い、教祖とまみえたことがないという不安が、かえって彼らを教祖像の主体的な把握へと向かわせ、その結果、彼らは管長の専決体制に、なによりも「信仰の危機」を読みとろうとしたのである。

そこでの彼らの問題意識は、おりから結成された金光教青年会の機関誌『新《しん》

▼三教会同　日露戦争後の経済的不況、社会的・思想的動揺を乗りきるため、第二次西園寺公望《きんもち》内閣の内務次官床次《とこなみ》竹二郎が、神道・仏教・キリスト教の代表者を一堂に集めて行われた集会。各宗教による皇運の扶翼、国民道徳の振興、当局者の宗教の尊重などを決議したが、各方面からは政教分離の観点から批判の声もあった。

●──「教祖に復れ」(金光教青年会機関誌『新光』一九一三年新年号)

教祖に復れ

一

往年、本教一部に信仰復活てふ聲あり、昨年は亦佐藤教監によりて信仰の現狀を改むべき由を說かれたりき。信仰の復活といふ意義は、本教徒一般の信仰振りを、本教草創當時の如き、潑剌たる活氣ある狀態に復さしめんとするの運動なりしが如し、昨年、佐藤教監によりて企てられたる試みも、略々是と同樣の意義の含まれたりしが如くに察せらる。是等の運動が克く如何程迄本教徒の信仰上に感響する所ありしか、事、精神界に屬するが故に、形體上の事實の如く、その結果の直ちに認め得らるべきに非ざれども、前者の如きは、多く效果の擧りしとも覺えず、或は之れ有りしならんも、概ね一時の興奮狀態を誘ひ起せるに過ぎずして、本教信仰の大勢には、さしたる影響もあらざりしもの〻如くなりき。後者は果して如何ありしか、特に際立ちたる影響ありしか、吾人未だ之を詳にする所あらず。

光《こう》』の一九一三(大正二)年新年号に掲載された「教祖に復れ」と題する巻頭論文に、あますところなく語られている。その概略をいうと、「本教の中心は教祖だが、いまだに教祖像もその教えも明確になっているとは言えない。だから、もし、それが詳らかにされれば、いまの教義と称するものも、教団の活動も見直さざるを得ないのではないか。いま、本教は社会事業などで名を成しているが、肝心なのはあくまで確かな信心を確立することである。そのためには、まず赤裸々な教祖像を見すえ、各自が信仰の道に出直すことだ」というものである。そして筆者は「教祖に復らんかな、教祖に復らんかな」と結んでいる。

この論文は無署名だが、筆者はおそらく佐藤を退陣に追い込んだ青年布教師たちのリーダー格で、のちにその深い思索から生まれた数々の著書をとおして「金光教にその人あり」とうたわれた高橋正雄《まさお》▲だったと推察される。

このように、佐藤ら教団上層部の運動に対比される青年布教師らの運動は、「教祖に復れ」ということと「信心専一」を中心課題とし、社会事業のごときは自信をもってすてよと訴えた。しかし、ここでいう「社会事業」とは、佐藤らの「国家的事業」をさすのであって、信仰上の立場のゆえにする社会への働きかけ

▼高橋正雄　一八八七〜一九六五年。

●—高橋正雄

を否定するものではけっしてなかった。否、むしろ「赤裸々なる教祖」の信仰に立ち返り、「難儀な氏子」の取次救済に専念すればするほど、彼らは民衆の生活次元に食い込んでくる国家や社会の暗黒の姿に、熱い信仰のまなざしを向けざるをえなかったのである。そして、そのような動きのなかから、おりからの大正デモクラシーの運動に呼応する独自の活動が生み出されていくことになる。

　そのころ、教監を退いた佐藤は、いよいよ国家的事業への協力に邁進《まいしん》し、一九一七年には、デモクラシー絶滅を唱える上杉慎吉《うえすぎしんきち》▲を教団に招いて憲法講演会を開催、一九(大正八)年には上杉の著『デモクラシーと我国体《わがこくたい》』を金光教本部より刊行、翌年には右翼文化人らとはかって「美濃部《みのべ》博士の天皇機関説《てんのうきかんせつ》▲打破」「上杉博士支援」をめざす懇談会を開催するなど、デモクラシー攻撃に執念を燃やした。そして、佐藤の主観においてのみならず、教団の上層部でも、彼の働きはあくまで金光教の立場からの国家への奉仕である、とみなされていた。

　これに対して、「信仰復活」から出発した青年布教師らのさまざまな社会活動は、名目的にも実質的にも、デモクラシーの運動を、独自の立場から支えるものとなった。つまり、このころの金光教団には、デモクラシーをめぐって、ま

▼**上杉慎吉**　一八七八〜一九二九年。

▼**天皇機関説問題**　憲法学者美濃部達吉《たつきち》が当時の天皇主権説に反対し、天皇は法人たる日本国家の機関である、としたのが天皇機関説。大正期以降の政党内閣制の理論的基礎となったが、軍部ファシズムの台頭とともに、国体明徴《こくたいめいちょう》の名において排撃され、一九三五(昭和十)年、議会で政治問題化し、美濃部は著書の発禁、貴族院議員の辞任を余儀なくされた。

つたく対立する二つの思想的な潮流が並存するという、稀有な現象があらわれたのである。

　上杉の『デモクラシーと我国体』発刊からまもなく、金光教青年会の機関誌『新生《しんせい》』(『新光』改題)は「デモクラシーに就いて」という論文を掲載した。このなかで筆者は、デモクラシーの絶滅を説く議論(明らかに上杉のそれを示唆)が相手の考えも聞こうとしない感情論であることを批判し、デモクラシー興隆の原因は、労働者階級の悲惨な生活の現実そのものと、彼らが「一個犯されざる自由な人格」たることを自覚し始めたことにあり、その主張には「当然必然の理由がある」と述べている。これは、明らかに、上杉のみならず、反デモクラシーをもって教団の方針としようとする佐藤ら教団上層部に対する宣戦布告であった。そして、この論文を機に、同誌の論調は、しだいに鋭い社会批判を含むものとなり、青年会の運動にも新しい境地が切り開かれていくことになる。

　この論文の筆者は、高橋正雄らとともに信仰復活＝教団革新運動を担ってきた片島幸吉《かたしまこうきち》▲だった。彼は早稲田大学の哲学科を卒業後、神戸を中心とする布教活動にはいり、未解放部落への伝道を契機に、その関心をデモクラシー、労働

▼片島幸吉　一八八四〜一九六二年。

運動、社会主義運動へと広げていった人物である。右論文の表題の下には「十八日会講演要旨」とあるが、十八日会とは阪神青年布教師会の通称であり、そこではデモクラシーやマルクスの『資本論』の研究会も行われていたという。したがって、片島の主張は、彼のみならず、阪神地区の先進的な青年布教師全体の気運を代表するものであった、と考えられる。

その後の『新生』『金光教青年会雑誌』(『新生』改題)の記事をたどっていくと、片島らの広い意味でのデモクラシー運動は、単なる勉強会にとどまらず、社会的な実践をともなうものとしてさらに発展していくようすがみられる。しかし、ここで重要なのは、それが、一般的な理論の受け売りではなく、信仰復興運動に端を発する主体的な教祖像の探求なしには成立しえないものであった、という点であろう。人間の「いのち」の尊さと「人格」のかけがえのなさを説く教祖の教えは、こうしてあらたな時代状況のなかでよみがえろうとしていたのである。

これら大正期の青年布教師らの運動によって育まれた信徒大衆の民主的な感覚と、信仰復興のエネルギーは、やがて、日中《にっちゅう》戦争前夜の吹きすさぶファシズムの嵐のなかでふたたび思いがけない噴出をみることになった。のちに「昭和九年十年事件」あるいは「教団自覚史運動」と呼ばれるものがそれである。

事件の直接的な契機は、当時の二代管長金光家邦《こんこういえくに》が、大教会所の取次者、金光摂胤《せつたね》▲に集まる信望を妬《ねた》んで、地方新聞に中傷記事▲を書かせたことによるが、その本質は根の深いものだった。すなわち、別派独立に端を発する教団の運営と信仰の乖離《かいり》において、管長が前者の権限を独占し、神前奉仕者が後者の働きに専念するという重層構造の矛盾に、その真因があったとみられるからである。

事件によって、人事権や財政権にまでおよぶ管長家の専横ぶりが明らかとなるや、一九三五(昭和十)年、教団の内部からいっせいに管長弾劾、金光様(摂胤)擁護の火の手があがった。まず、各教会長が教団浄化を叫んで「有志盟約」を結成したのを皮切りに、青年会本部がこれに加わり、大阪では信徒を中心とした「教団粛清《しゅくせい》期成会」が生まれ、やがてそれは「全国信徒大会」にまで発展する。

事態の成り行きに不穏の気配を感じとった文部省は、ついに(1)大教会所会計制度の確立、(2)教監責任制の確立、(3)管長の肉親を教務の要職からはずす、などの異例の調停案をもって事件に介入した。大本教などの「危険」な教団を躊躇なく壊滅させた国家権力が、管長一人の駄々のためにてこずっているさまは、

▼**金光摂胤**　一八八〇～一九六三年。教祖の五男宅吉の長男。事件解決ののち選ばれて管長となる。

▼**中傷記事**　倉敷《くらしき》の地方紙『国粋新報』に載ったもの。そこでは、「大伏魔殿《だいふくまでん》」金光教は蛇蝎《だかつ》の集団」と題し、信徒たちが企画した摂胤への御礼の会や摂胤自身に関して激しく誹謗してあった。これが全国の各教会に配布され、驚いた教団首脳部がその出所を調査した結果、管長家から発送されたものであることがわかり、事件の発端となる。

彼らがいかに教派神道体制の維持に神経を使い、管長体制の存続に重大な関心を払っていたかを如実に示している。

しかし、この調停案は、あくまで管長の罷免を求める教師・信徒側の抵抗にあって不調に終り、事態の収拾は、最後の切り札として教監に抜擢された高橋正雄の手に委ねられることになった。高橋は、一方で国家権力の介入を最小限にくいとめ、他方で信徒たちの暴走をおさえるために奔走し、結果のみをいえば、右の三条件を認める形で、さしもの大事件は収束をみたのである。

その後、一九三九(昭和十四)年には、宗教の戦時動員をめざす宗教団体法▲の公布によって、金光教でも新教規を制定することになるが、これは、教団にとって、さきの改革で残された課題を一気に解決する機会でもあった。とりわけ管長の世襲制を元の選挙制に戻す課題はもっとも切実なものであったが、管長側の抵抗による公認取消しの危機を、教団をあげての運動(こちらのほうは金光教新体制確立運動と呼ばれた)によってからくも乗りこえ、一九四一(昭和十六)年、認可期限の最終日に、ようやく新教規は認可にこぎつけた。その結果行われた選挙で、摂胤が新管長に選ばれ、旧管長家の専決体制におのずから終止符が打

●—金光摂胤

▼宗教団体法　一九三九(昭和十四)年、平沼騏《き》一郎《いちろう》内閣のもとで成立したもの。この法律の施行にあたっては、宗教団体の法人としての認可権を握った文部省により、既成宗教団体を統制する武器として利用され、仏教の五六派は二八派に、キリスト教プロテスタントの二八教団はすべて日本基督教団に整理・統合されて、これに反対する動きは抑圧された。

たれたことはいうまでもない。

「九年十年事件」に端を発したこのような教団民主化運動は、戦時のファシズム状況下においては稀有な出来事であったといえるが、ここで注目されるのは、運動の主体が教会長や信徒大衆であり、大正期にデモクラシー運動を担った指導者たちもそこに加わっていたとはいえ、大衆の力がしばしばそれを乗りこえて進もうとしたことである。そのことはなにを示唆しているのであろうか。

結論的にいうなら、まさに教団の重層的な構造のゆえに、出社とその弟子たちによって地下水脈のように受け継がれてきた教祖の信仰が、教団の危機に際会して一気に噴出したのが、この運動ではなかったか、というのが筆者の見解である。筆者が、出社の存在を重視するのはそのためだが、同じ事情は、天理教の講社《こうしゃ》の伝統についてもいえるのではないかと思われる。その意味で、教祖の信仰は教派神道の体制下においても、死に絶えてはいなかったのである。これまでの教派神道に対する「常識」が打ち破られるためにも、そのことはまず確認されなければならない。

しかし、そのうえで、私たちはまた、こうしてなった教団の新体制が「今度は国家へのご奉公《ほうこう》だ」という形で、すっぽりと国家の「新体制」に組み込まれていった事実にも、むろん眼をふさぐことはできない。大正期(一九一二〜二六)に芽生えた国家や社会への眼差しが、そこでは、未発のまま埋もれていってしまったのである。そして、一宗教の社会的な役割が「教団」という形で問われるかぎり、金光教も天理教もその責めからまぬがれることはできない。だが、個人の信仰のレベルにまでおりていったとき、そこにはつぎのような光景がみられたという事実も、ぜひ、付け加えておかなければならない。それは、兵士として中国大陸に渡ったある金光教徒の戦争体験の一コマである。

かつて戦地にあった時、私たち初年兵は、銃剣術の演習に、敵軍の捕虜を的にして試突のけいこを強いられた。目かくしされた捕虜は、虫のような声を出して、「早くつき殺してくれ」といった。次々に試突がなされた。しかし私は、とうとう最後まで銃剣をとる気がしなかった。最後までこれをこばみ通した。その報復がどのような恐ろしいものであっても、私にはそれができなかった。そして兵にあるまじきその行いの返しとして、半日氷のクリークに身を漬けられて責められたが、クリークを上がった時は、半身紫色にむくれ上がり、生きた人間の姿でなかった。私は、この道に生かされることなかりせばと、今もこの時のことをふり返る。(松本清次郎「かわいいと思う心」『金光教報』一九六八年五月一日号)

そこでは、教祖の信心が、泥にまみれながらもたしかに息づいていたのである。この類の例は、ほかにも少なくないが、国家神道体制下におけるこのような事実こそ、近代の民衆宗教が切り開いた豊かな可能性を証するものだとはいえないだろうか。

神々の現代

一九四五(昭和二十)年の敗戦からまもなく、連合国軍最高司令官総指令部は、信教の自由の保障、宗教団体法の廃止、国家神道の解体を指示する一連の覚書《おぼえがき》を発し、これによって、長年にわたり国民を支配してきた国家神道はその幕を閉じた。

同年十二月、宗教法人令が施行され、宗教団体は自主的な届出によって、宗教法人となることができるようになり、神社も宗教法人として活動することが

●──1936(昭和11)年末と2002(平成14)年末の神社数・神職数

年	神社数	神官・神職(2002年は教師)数
1936年	110, 439 社	158, 800 人
2002年	79, 090	21, 461

1936年は『宗教年鑑』(有光社，1939年)，2002年は『宗教年鑑』(文化庁，2004年)による。なお，後者は，神社の大半が所属している神社本庁傘下のものを採用した。

●──1935(昭和10)年末と2002(平成14)年末の教派神道系教団の教会所数・教師数・信者数

教団名	教会所数		教師数		信者数	
	1935 年	2002 年	1935 年	2002 年	1935 年	2002 年
黒住教	447	340	4, 232	1, 794	565, 877	298, 024
修成派	220	77	1, 905	416	430, 321	31, 300
大社教	206	117	3, 050	8, 230	2, 372, 662	1, 257, 578
扶桑教	573	141	5, 424	563	647, 631	41, 400
大成教	209	40	2, 689	181	727, 974	21, 632
実行教	249	121	2, 629	1, 050*	439, 366	110, 310*
神習教	321	104	2, 628	417	755, 358	222, 414
御嶽教	827	468	8, 160	2, 302	2, 047, 919	118, 580
禊　教	36	64	1, 513	630	342, 256	100, 333
神理教	324	141	1, 871	1, 399	1, 489, 279	247, 431
金光教	1, 226	1, 579	3, 218	4, 138	1, 120, 497	430, 190
天理教	10, 605	14, 646	78, 508	176, 446	4, 384, 707	1, 712, 704

1935年は『宗教年鑑』(有光社，1939年)，2002年は『宗教年鑑』(文化庁，2004年)による。なお，神道大教(神道本局の後身)は，少教派の寄合組織だったのでのぞいた。2002年の教会所数は団体数。

*は，2002年の統計がないため，1993年版の『宗教年鑑』(文化庁)による。

認められた。その後六〇年近い歳月をへて、私たちの現実はどのように変わったのだろうか。

まず、国家神道体制のもとで、進んでか心ならずか国家の侵略戦争に加担してきた多くの宗教団体は、その後衰退の一途をたどってきた。前ページの表は、神社と旧教派神道の戦前と今日の教勢を比較したものである。ここにみられるように、戦前は一一万あった神社が八万たらずとなり、教派神道の信者数でみると、その凋落《ちょうらく》ぶりはさらに著しい。これは他の仏教やキリスト教の既成教団についても多かれ少なかれいえることだが、こうした傾向には、戦前の国家神道体制への依存度の大きさ、みずからがその走狗《そうく》となって戦争に加担したことへの反省の弱さが、深くかかわっているように思われる。

そうしたなかで、神社の大半が結集している神社本庁は、失地の回復を、依然として国家や政治への関わりに求めているかにみえる。しかし、それが宗教であれ祭祀《さいし》であれ、国民の思いの側からみずからを正していくことがなければ、その未来もないものといえよう。

他方、戦後の混乱期をへて雨後の竹の子のごとく急成長をとげてきた新宗教

●――はずされる神祇院の看板(1945年)　国家神道禁止の指令に基づき神祇院も廃止された。

捏造された〝神國〟抹殺

マ元帥・國家神道禁止を指令

天皇「現神」の特權否認

國家から宗教を分離

〝八紘一宇〟の幻想を破碎

マッカーサー元帥は十五日日本の國家神道を世界支配を夢みた日本の極端な國家主義者および軍國主義者によつて作り上げられた〝宗教なり〟と指摘し、日本政府に對し政府がこれら國家神道を後援、支持、保護、管理、布教することを禁止する旨の指令を發

祭祀令は一切無効

官廳、學校の參拜禁止 神棚撤廢

神祇院廢止

●――国家神道禁止を伝える新聞記事(『読売報知』1945年12月17日)

えている時代はない。一人ひとりの宗教が半世紀前の世界に眼を転じてみれば、アジアの多くの人たちは一部の宗教を政治の道具として利用しようとする人たちに煽るようにも感じられる。消費社会・情報化社会があるにしても、自己の利益を追求する自己喪失のように思われる。民衆宗教に対する戦争と深く結びついたことがある。不安を深くする人たちは一部の宗教を政治の道具として考えたり、政治家や政教癒着の靖国参拝などの問題に執着した。関係もまた化としてあるとみられる。全体的に応えるというよりは、一部の宗教が世紀前の道具として考えたり、アジアの世界に眼を転じてみれば、不安をつのらせている人たちは一部の宗教を政治の道具として考え、その事件の根もその煽るようにしたのであるし、「薬」安に応えるというよりは、消費社会・情報化社会があり、民衆宗教と国家神道の理解と結び、国家の権力的確立と判断していた歴史は、今なれば切実な現状では今は切実に思われるようになり、そのために集めるというのは求め来たことを訴えて国民的、と思われる。

日本史リブレット61

民衆《みんしゅう》宗教《しゅうきょう》と国家《こっか》神道《しんとう》

2004年6月25日　1版1刷　発行
2022年7月31日　1版5刷　発行

著者：小澤《こざわ》　浩《ひろし》

発行者：野澤武史

発行所：株式会社 山川出版社

〒101−0047　東京都千代田区内神田1−13−13
電話 03(3293)8131(営業)
03(3293)8135(編集)
https://www.yamakawa.co.jp/
振替 00120-9-43993

印刷所：明和印刷株式会社

製本所：株式会社 ブロケード

装幀：菊地信義

Printed in Japan ISBN 978-4-634-54610-3

日本史リブレット 第Ⅰ期68巻・第Ⅱ期[33]巻 全101巻

1 旧石器時代と縄文文化
2 縄文土器から見た社会
3 弥生文化のはじまりと限界
4 古墳と豪族
5 大和王権と古代国家
6 藤原京の形成
7 古代国家形成期の都市
8 古代地方都市の世界
9 漢字文化と平城京
10 平安京と地方社会の成立
11 奈良・平安期の地方行政と疫病
12 蝦夷と東北戦争
13 受領と地方社会
14 延喜国風土記と古代日本
15 東アジア世界のなかの古代日本
16 古代から中世への道
17 古代・中世寺院組織の展開
18 都市平泉の遺産
19 中世国家と東アジア
20 中世の家と性
21 中世都市鎌倉
22 中世の古都と都市観
23 中世歴史学と天皇
24 中世武士と国支配
25 中世武士団と都市
26 戦国大名と国衆
27 境界争いと戦国諜報戦
28 石造物が語りかけるもの
29 中世の葬送墓制と祈り
30 中世勧進の文化史
31 板碑の世界
32 中世神仏と祈り
33 中世の預言信仰と救済
34 秀吉の朝鮮侵略と現代
35 町村合戦の現代
36 江戸近世への
37 江戸幕府とキリシタン禁制と民衆の宗教
38 町人文化圏
39 慶安御触書は偽書か
40 近世安坂の人口書と朝廷
41 対馬藩と日朝関係
42 琉球王国とアジア
43 琉球からみた世界史
44 描かれた日本中国朝鮮
45 武家と公家の近世国家
46 天下人と近世国家
47 海上交通近世社会
48 東海の道東海道
49 近世三大改革
50 八州廻り
51 錦絵を読む
52 草双紙の世界
53 21世紀に語る近世の「江戸」
54 近代日本と近世の動跡
55 近代日本の誕生
56 海をめぐる近代日本
57 近代天皇制と日本人
58 スポーツと日本人
59 近代日本の政治社会
60 情報化時代の手紙
61 民衆化と国家・企業・鉄道
62 日本宗教国家神道
63 歴史社会科学と歴史学の成立
64 近代日本の海外学術調査
65 戦争と知識人
66 戦後民主主義と冷戦
67 新安保体制と沖縄
68 占領後補体制下の
69 戦後急成長から考える日米関係
70 遣跡からみた古代日本のアジア
71 古代遣跡と日本と加耶
72 飛鳥京の宮と寺
73 古代都東国の石碑
74 正倉院宝物の世界
75 日宋貿易と「硫黄の道」
76 対馬国絵図が語る古代中世の
77 対馬中世
78 中世馬史の世界像
79 中世文書社会としての寺社
80 中世芸能論の世界
81 寺社縁起の中世
82 戦国時代の天皇法
83 日本史からの世界国際
84 兵庫津江戸時代
85 江戸時代の触れ
86 江戸時代の神社
87 大名屋敷の江戸時代
88 近世商人と市場
89 近世鉱山町をめぐる人と場
90 近世養殖漁業の時代
91 資源としての「日本の漁業
92 江戸源内浄瑠璃文化と
93 江戸時代の淀川と老舗
94 近代民俗学の開拓者たち
95 軍用とと大都市と民衆
96 感染症と近代史・民衆
97 徳富蘇峰と文化財
98 優生学と近代日本
99 労働動員と総力戦体制
100 科学技術と総力戦体制
101 古領・復興期の日米関連